La Guerre — Comédie Italienne de Goldoni. — 1764.

LA GUERRE,

COMÉDIE ITALIENNE,

Traduite en François.

LA GUERRE

COMEDIE ITALIENNE

EN TROIS ACTES

DE M. GOLDONI;

Traduite en François,

PAR M. MESLÉ.

A PARIS,

M. D. CC. LXIV.

Avec Approbation & Privilége du Roi.

AVIS.

CETTE Pièce dont pour des raisons particulieres on a tiré séparément quelques Exemplaires, fait partie du cinquiéme volume de la Traduction générale que Mr. MESLÉ a faite des Comédies de Mr. GOLDONI, dont l'édition va paroître incessamment.

PRÉFACE
DU TRADUCTEUR.

ETTE Piéce a eu un grand succès à Venife & dans les autres Villes d'Italie où elle a été jouée, & je crois qu'elle le méritoit à tous égards, mais fur tout par l'intérêt qui y regne; l'intérêt, l'ame & la vie de tout Drame, le garant infaillible de fa durée au Théâtre, l'unique objet du Spectateur, & prefque l'unique but auquel doit tendre tout Auteur qui afpire à la repréfentation. Le ftile, partie néceffaire, fans doute, mais plus faite pour le Cabinet, a au Théâtre une mar-

che trop rapide & trop féduifante
pour être fuivi & apprécié. Il faut
qu'il foit bien révoltant pour empêcher l'effet de l'intérêt ; mais il
n'en tient jamais lieu, quelqu'élé-
gant qu'il foit ; & feul, il ne pro-
duit guères ni fuccès ni chutes.

Je ne prétends pas annoncer
par là que le ftile de cette Comédie foit foible ou négligé. Celui
de M. Goldoni eft toujours admirable ; c'eft, fans contredit, la
partie où il excelle, & dont il
eft malheureufement impoffible,
par les raifons que j'ai dites ailleurs, de rendre tous les agré-
mens dans une autre langue.

Quant à la Piéce en elle-même,
je la mets fans difficulté au nombre de celles qu'il feroit aifé à un
homme de l'art d'ajufter heureu-
fement à notre Scene Françoife ;

elle lui conviendroit d'autant mieux, que c'est sans le secours des *masques* & des *lazis* qu'elle a réussi en Italie, preuve convaincante, pour le dire en passant, que la bouffonerie n'est pas, comme bien des gens se l'imaginent, le caractère essentiel d'une Comédie Italienne, ni celui d'un Acteur Italien.

Cette preuve aquiert tous les jours de nouvelles forces par les Piéces que M. Goldoni compose & fait jouer à Paris, & par la maniere dont elles sont rendues. Je cite, entr'autres, sur le premier objet, les trois Parties de l'agréable Roman des *Amours de Camille & d'Arlequin*, qui se trouveront dans la suite de ma Traduction. Mais en citant, sur le second, les Acteurs qui y ont joué, je manque

de termes pour exprimer comme tout Paris l'a senti , la vérité,
la finesse & le sublime du jeu de
Mlle *Camille,* aussi admirable dans
la société qu'au Théâtre, & qui au
mérite si rare d'être véritablement
une grande Actrice, joint le mérite encore plus rare de l'ignorer.

Au reste , je dois prévenir ici
ceux qui feront en état de com-
parer ma Traduction au Texte,
qu'il ne faut pas m'attribuer la
différence qu'ils trouveront dans
plusieurs endroits, du François
avec l'Italien. Depuis l'impression
faite à Venise de l'Original , M.
Goldoni a eu des raisons particulieres pour y faire quelques chan-
gemens, & comme il n'étoit plus
temps de les placer dans son Edi-
tion , il m'a prié d'en faire usage
dans la mienne.

A MONSIEUR
LE MARQUIS
ALBERGATI VEZZA.

 *ONSIEUR,*

Quoique pénétré de la plus vive reconnoif-
fance pour l'amitié dont vous m'honorez, &
dont j'ai l'obligation à M. le Sénateur Albergati,
l'un de vos illuftres parents, je ne puis vous la
prouver qu'en vous offrant une de mes Comédies
comme j'ai déja fait à mes autres Protecteurs.
Je fçais, Monsieur, que c'eft peut de chofe pour
un homme de votre mérite & de votre naiffance,
mais je me fuis flatté que le choix que j'ai fait
de la Pièce pouvoit la rendre moins indigne de

vous, j'ai crû même que cette Comédie de la Guerre ne pourroit être qu'agréable à un Officier qui possede comme vous l'art & les talens de la Guerre. D'ailleurs, ce Drame vous offrira des traits qui vous rappelleront vos belles actions du Canada, où vous avez si bien servi la France, particulierement sous les ordres de M. Dumas. Vous y reconnoîtrez aussi dans un de mes Personnages, Madame Albergati, v tre digne Épouse, qui s'est trouvée dans les mêmes situations, & c'est ce qui m'a sur-tout déterminé à mettre ma Pièce sous votre protection. Faites-moi, je vous supplie, grace de sa médiocrité en faveur de mon zèle, & des sentimens de respect avec lesquels j'ai l'honneur d'être,

MONSIEUR

Votre très-humble & très-obéissant serviteur,
CHARLES GOLDONI.

PRÉFACE

DE

M. GOLDONI.

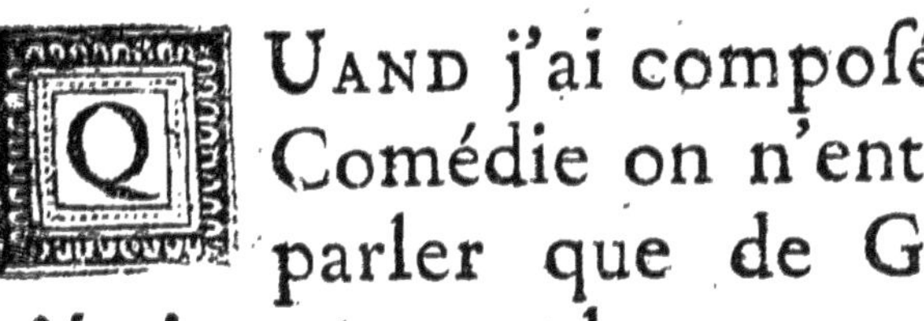

QUAND j'ai composé cette Comédie on n'entendoit parler que de Guerre, c'étoit partout la conversation ordinaire ; dans les Cercles, dans les Places, dans les Caffés, dans les Boutiques ; & c'est ce goût

universel qui m'a fourni mon
Titre & mon Sujet. Je me suis
trouvé d'abord embaraffé fur le
choix des Parties belligérantes,
& j'ai craint d'exciter de la ja-
loufie en préférant une Nation
à l'autre. Mais, enfin, j'ai trouvé
là-deffus un expédient qui m'a
tranquillifé, & dont les dernieres
lignes de ma Comédie, mettront
le Lecteur au fait.

Comme j'ai eu dans ma jeu-
neffe plufieurs occafions de voir
la Guerre de près, il ne m'a pas
été difficile d'en parler. Ce n'eft
pas que j'aie jamais porté les armes, j'avouerai même tout naturellement que je n'en ai jamais
été tenté; mais on peut voir la
Guerre fans y fervir, on peut
d'ailleurs en prendre connoif-

fance en raifonnant avec ceux qui y font, en s'éclairciffant avec eux de tout ce qui y a rapport, & en faifant, comme j'ai toujours fait, des réflexions & des obfervations tant fur ce que l'on voit, que fur ce que l'on apprend. Les gens du métier pourront juger fi j'ai traité convenablement mon fujet, fi je fuis bien inftruit des principes d'honneur qui animent les Militaires, & de ces fentiments admirables qui en les rempliffans du defir de la gloire leur fait oublier tous les dangers qui y conduifent; fi je fuis bien au fait de la gaité, de la politeffe, de la générofité & de l'intrépidité qui regnent dans les Camps; fi j'ai fçu allier comme il faut dans mes perfonnages les mouvemens de l'amour, à ceux du devoir ils verront enfin si j'ai été juste dans la critique que j'ai faite de ceux qui trouvent le moyen de faire à la Guerre des fortunes excessives & criantes.

LA GUERRE

LA GUERRE,

COMÉDIE ITALIENNE,

EN TROIS ACTES,

DE M. GOLDONI.

Traduite en François,

PAR M. MESLÉ.

*A C T E U R S.

DON ROBERT, *Commandant du Fort assiégé.*

DON EGIDIO, *Colonel servant dans le For[t]*

DONA FLORIDA, *fille de Don Egidio.*

DONA MARIANA, *femme de Don Robe[rt]*

DON SIGISMOND, *Général des assiégean[s]*

LE COMTE CLAUDIO, *Lieutenant.*

DON FAUSTINO, *Enseigne.*

DON FERDINAND, *Enseigne.*

DON FABIO, *Enseigne.*

DON CIRILLE, *Lieutenant.*

DON POLIDORE, *Commissaire des guerr[es]*

DONA ASPASIA, *fille de Don Polidore.*

URSULE, *Marchande suivant l'armée.*

LISETTE, *jeune Paysanne.*

UN AIDE DE CAMP.

UN CAPORAL.

UN COURIER.

CINQ SOLDATS *qui parlent.*

SOLDATS *qui ne parlent pas.*

PAYSANS & PAYSANNES *qui ne parlent pas.*

La Scéne se passe au ~~Camp de~~ **

* On a francisé dans cette Piéce, les noms propr[es] Italiens autant qu'il a été possible. Ce qu'on a lai[ssé] subsister ici étoit nécessaire pour l'indication des Pe[r]sonnages.

LA GUERRE,
COMÉDIE.

ACTE PREMIER.
SCENE PREMIERE.

Le Théâtre repréſente une Chambre dans la Maiſon du Commiſſaire avec des flambeaux, des tables, des ſiéges, &c.

FABIO, tient la Banque au Pharaon ſur l'une des tables ; LE COMTE CLAUDIO, *ponte ;* FLORIDE, & FAUSTINO, *aſſis, ſe parlent d'amour.* FERDINAND & ASPASIE *ſont à une autre table ſur laquelle il y a une bouteille, des verres, &c.* Deux autres *Officiers pontent au Pharaon. On en voit d'autres jouer à une troiſiéme table.*

LE COMTE.

Paroli au ſept ?

FAUSTINO.

Mademoiſelle permettez-moi, s'il vous plaît, ſ'aller tenter fortune au Pharaon?

A ij

FLORIDE.

Je m'étonne que l'envie de jouer puiſ
vous prendre.

FAUSTINO.

Et pourquoi vous en étonner ?

FLORIDE.

Pourquoi ? Le jour eſt prêt à paroîtr
on peut vous appeller d'un inſtant à l'autre
pour aller relever la Garde des batteries,
pour monter à l'aſſaut, ou pour repouſſer
ſoutenir une ſortie : & vous, ſans ſonger
danger, ſans vous préparer à l'action, vo
avez le courage de vous divertir !

FAUSTINO.

Quelle préparation ai-je donc à fai
Dès l'inſtant que je ſuis ſorti de chez mo
que j'ai endoſſé l'uniforme, & que j'ai n
mon épée, je me ſuis préparé à tous les h
ſards & à tous les dangers où j'allois m'ex
ſer. Si l'on m'appelle au Camp, je ſçais q
je dois obéir. S'il faut marcher à l'enne
je ſçais que je peux être tué. Mais je ſçais
même tems qu'une triſteſſe importune p
roit affoiblir mon courage, & que toutes
réflexions que je pourrois faire ſur les dang
que je dois courir, ne pourroient m'en pré
ver. Ainſi laiſſez-moi jouir tranquillem
de ces momens de la vie, & ſi vous ne v

lez pas que je joue, au moins dédommagez-
moi par la douceur de vos regards.

LE COMTE.

J'ai gagné le paroli. La paix au Valet, la
paix au Valet. (*Sautant de joie.*)

FERDINAND *au Comte.*

Lieutenant, comment va la fortune?

LE COMTE.

Elle va bien, Paix au Valet. Oh ! je vais
le débanquer. Paix au Valet, j'ai gagné. Le
Valet a gagné. Attendez. Double paix au
Roi. Double paix au Roi.

FERDINAND.

Courage, Comte, courage?

FAUSTINO *à Floride.*

Laissez-moi risquer seulement deux Louis?

FLORIDE.

Non, je ne veux pas que vous jouïez à
présent ?

FAUSTINO.

Allons, vous êtes la maîtresse, il faut vous
obéir.

LE COMTE.

Diable soit de la carte ! j'ai manqué un
beau coup.

A iij

FERDINAND.

Qu'eft-ce qu'il y a donc, Comte ?

LE COMTE.

Oh ! rien, rien. (*à Fabio.*) Faites toûjours. Je fuis à vous dans le moment ; j'aurai ma revanche. (*s'approchant de Ferdinand.*) Donnez-moi un verre de vin ?

FERDINAND., *en lui donnant à boire.*

Goûtez-moi cela ? C'eft-là ce qu'on appelle du vin ! Auffi, c'eft un préfent de Mademoifelle. (*En montrant Afpafie.*)

LE COMTE.

Eh ! à la fanté de Mademoifelle. (*en le goûtant.*) Il eft ma foi excellent. Ah ! il n'y rien que d'exquis chez un Commiffaire de Guerres. (*à Ferdinand.*) Que vous êtes heureux de poffédér les bonnes graces de . . .

ASPASIE.

Plaît-il ? Que voulez-vous dire ?

LE COMTE.

Je voulois. . . . .

FABIO, *au Comte.*

Lieutenant, j'attends après vous.

LE COMTE.

Je fuis à vous. (*Il acheve de boire & court à la table du jeu.*) Dix Louis fur le fept.

FAUSTINO.

Mais, Mademoiselle, vous avez donc juré de me défespérer. Nous nous voyons peut-être aujourd'hui pour la derniere fois, & vous me traitez avec tant de rigueur ?

FLORIDE.

Ah, Ciel ! mon pere eft dans le Fort que vous affiégés. Je fuis moi-même prifonniere de guerre en ce lieu, depuis que vos troupes s'en font emparé ; vous qui m'êtes fi cher, vous pouvez perdre la vie ; mon pere, que j'adore, peut périr ; (car enfin, le fort des armes eft incertain,) & parmi tant de fujets de chagrins & de craintes, vous voudriez me voir un air libre & fatisfait ; vous voudriez m'entendre parler d'amour ?

FAUSTINO.

J'entre fincérement dans toutes vos peines, mais je fuis naturellement vif & impatient. Permettez-moi du moins de m'amufer au jeu.

FLORIDE.

Eh bien, allez, ingrat ! courez - y mal-gré moi.

FAUSTINO.

Pardon, ma chere amie, ne vous fâchez pas ; je ne parlerai plus de jeu.

LE COMTE.

Maudit fept ! Va le fept ?

A iv

ASPASIE, *à Ferdinand.*

Le Comte perd.

FERDINAND.

Oui, le pauvre Diable perd, mais moi je me flatte de faire le plus grand gain.

ASPASIE.

Que comptez-vous gagner ?

FERDINAND.

Votre cœur, Mademoiselle.

ASPASIE.

Vous me faites rire.

FERDINAND.

Vous riez ?

ASPASIE.

Mais vous ne pensez donc pas à la Guerre ?

FERDINAND.

Mon Général y pense pour moi. Nous autres subalternes, notre affaire n'est pas de penser, mais d'obéir. Il n'y a point de danger tant qu'on n'est pas dans le camp, & l'on ne risque pas plus quand on en est à deux cens pas, qu'à deux cens mille. Actuellement que je suis ici, je suis aussi tranquille que s'il n'étoit pas question de Guerre. Demain j'irai au feu, si l'occasion se présente ; mais pour cette nuit, je ne veux songer qu'à me divertir tant que je pourrai. Votre compagnie

m'enchante ; oui , Mademoiselle , vous êtes
aimable , charmante. A votre santé. (*Il boit.*)

LE COMTE.

Ah fortune cruelle ! Je perdrai donc toujours ? Va tout sur le sept. Le reste de mon
argent sur le sept ?

FLORIDE.

Voyez ce pauvre Comte , comme le jeu le
rend furieux ; & vous vouliez vous mettre
dans le même cas ?

FAUSTINO.

Seroit-il possible que vous vous intéressiez
si fort à moi ?

FLORIDE.

Oui , sûrement : je m'y intéresse , & bien
sincérement.

FAUSTINO.

Si cela étoit , vous auriez un peu plus de
complaisance pour moi.

FLORIDE.

L'état où nous nous trouvons , ne me permet pas d'en avoir d'avantage.

LE COMTE.

Le troisiéme sept sort encore le premier !
Tous les sept sont donc conjurés contre moi?
Je veux essayer du quatriéme. Vingt Louis
sur le quatriéme sept.

A v

FABIO.

Pardon, mais je ne joue pas fur la parole.

LE COMTE.

Je fuis Gentilhomme, brave Officier, & homme d'honneur.

FABIO.

Excufez-moi ; mais dans un camp on ne joue jamais fur la parole.

LE COMTE, *à Ferdinand.*

Prêtez-moi vingt Louis ?

FERDINAND.

Ce feroit de bon cœur, fi je les avois.

LE COMTE *à Fauftino.*

Prêtez-moi vingt Louis ?

FAUSTINO.

D'honneur, je n'en ai pas,

LE COMTE *appellant.*

Eh ! y a-t-il là quelqu'un ?

LE CAPORAL.

Monfieur ?

LE COMTE.

Vas chercher le Commiffaire ? (*Il va à la table du jeu, frémiffant de colere, & il regarde jouer.*)

LE CAPORAL *voulant s'en aller.*

J'y vais.

FLORIDE *au Caporal.*

Ecoutes ?

LE CAPORAL.

Madame.

FLORIDE.

Quelles nouvelles a-t-on du camp ?

LE CAPORAL.

Nos troupes ont commencé la bréche.

(*Il s'en va.*)

FLORIDE.

Malheureufe que je fuis ! Que va devenir mon Pere ?

LE COMTE.

Voilà le fept qui eft venu le fecond à préfent, & je n'ai pû mettre deffus, & je n'ai pû jouer.

SCENE II.

POLIDORE, FABIO, LE COMTE, FLORIDE, FAUSTINO, FERDI-NAND, ASPASIE.

POLIDORE.

QUE me veut-on ? Qui eft-ce qui me de-mande ?

LE COMTE.

C'eft moi, M. le Commiffaire, faites-moi le plaifir de me prêter vingt Louis.

POLIDORE.

Vingt Louis !

LE COMTE.

Oui, vingt Louis.

POLIDORE.

Pour qui ?

LE COMTE.

Pour moi.

POLIDORE.

Pour jouer ?

LE COMTE.

Précisément.

POLIDORE.

Fort bien.

LE COMTE.

Dépêchez-vous ?

POLIDORE *tirant de sa poche*
un journal.

Attendez un moment, s'il vous plaît ?

LE COMTE.

Ne me faites pas perdre patience.

POLIDORE.

Lisez, Monsieur : *Avancé à M. le Comte*
Claudio, Lieutenant de Cavalerie, soixante
Louis sur sa paye.

LE COMTE.

Et vingt feront quatre-vingt.

POLIDORE.

Il ne me faut plus qu'une chose.

LE COMTE.

Qu'est-ce que c'est ?

POLIDORE.

Une sûreté.

LE COMTE.

Demander une sûreté à un homme comme moi? A un Officier, à un galant homme à un homme connu dans l'armée comme je le suis?

POLIDORE.

Fort bien.

LE COMTE *en répétant sur le même ton.*

Fort bien! Si cela est fort bien; pourquoi me demandez-vous donc une sûreté?

POLIDORE.

Ce n'est pas pour l'argent que je la demande.

LE COMTE.

Pourquoi donc?

POLIDORE.

Je veux que vous m'assuriez qu'une balle de mousquet ou qu'un boulet de canon ne mettront pas demain matin le sceau à votre gloire, & n'emporteront pas mes vingt Louis aux Champs Élisées, à ce glorieux séjour des héros.

LE COMTE.

Eh bien! si je suis tué, tout sera dit.

POLIDORE.

Fort bien.

LE COMTE.

Mais si j'en reviens, je serai votre débi-
teur de cent Louis, & je vais le signer. A
cette condition-là voulez-vous me prêter ?

POLIDORE.

Quoiqu'il y ait du risque, je crois que cela
se peut faire.

LE COMTE

Donnez-les moi donc ?

POLIDORE *tirant un livre.*

Fort bien.

LE COMTE, *à part.*

Il me fera perdre l'esprit avec ce maudit
livre. (*à Fabio.*) Attendez-moi un moment,
je suis à vous.

FABIO.

Je ne sortirai pas de ma place.

POLIDORE *écrivant sur son livre.*

En tout cent Louis. (*au Comte.*) Ayez la
complaisance de mettre là votre signature ?

LE COMTE *écrivant.*

Fort bien.

POLIDORE *au Comte.*

Voilà vos vingt Louis.

LE COMTE.

Grand-merci. (*à part.*) Voilà comme les

Commiſſaires s'enrichiſſent. (*à Fabio.*) Me voici, taillez ?

ASPASIE *à Polidore ſon pere, qui s'en va.*

Mon pere, j'ai l'honneur de vous ſaluer.

POLIDORE.

Ah ! vous voilà, ma fille, que faites-vous ici ?

ASPASIE.

Je m'amuſe à faire la converſation.

POLIDORE.

Fort bien.

ASPASIE *à Ferdinand.*

Mon pere eſt le meilleur homme du monde.

FERDINAND.

Si je lui faiſois une certaine demande; je voudrois qu'il me répondit auſſi fort bien.

ASPASIE.

Je ſçais, je ſçais ce que vous ſeriez tenté de lui demander, mais avant d'avoir ſa ré-ponſe, il vous faudroit la mienne.

FERDINAND.

Et quelle ſeroit la vôtre ?

ASPASIE.

Fort mal, ſi vous allez au feu.

FERDINAND.

Et ſi je reviens ſain & ſauf?

ASPASIE.

Ah ! pour lors je dirois fort bien.

FERDINAND.

Voilà qui est bon cela. A votre santé ?

(*Il boit.*)

ASPASIE *à un Domestique.*

Apportez une autre bouteille.

FLORIDE *à Faustino.*

Aspasie a de quoi se divertir joliment.

FAUSTINO.

La maison d'un Commissaire des Guerres est le centre de l'abondance. L'or qui se dissipe dans une armée, ne s'engloutit pas dans la terre ; il tombe dans bien des mains , & les Commissaires en ont la plus grande partie dans les leurs.

LE COMTE.

Il ne me reste que trois Louis. Va encore ces trois Louis sur le sept ?

FLORIDE *à Faustino.*

Entendez-vous ? Si le Comte perd son reste, je m'attends à quelque scéne furieuse.

FAUSTINO.

Ne craignez rien ; nous sommes ici en nombre, il n'osera pas prendre le haut ton.

LE COMTE.

Chien de sept ! maudit sept ! Donnez-moi

ces cartes ? (*Il les déchire.*) Au Diable celui qui les a inventées ; celui qui les a fabriquées ; celui qui a gagné , & celui qui a perdu tout le premier.

ASPASIE.

Il va faire quelque extravagance.

LE COMTE.

Non, non. Ce qui est fait est fait. Je n'y veux plus penser. Allons de la joie : Donnez-moi du Bourgogne ? Vivent la guerre, l'amour , & le bon vin ; vivent les jolies femmes , les bons amis , & même le maudit Lieutenant qui m'a ruiné.

FABIO.

Mon ami, accusez-en le sort , & non pas moi ?

LE COMTE.

Oui , tu as raison. Viens ici que je t'embrasse, que je te baise, tu es un galant homme, toi ; mais moi, j'ai été une bête. A présent que je n'ai plus de quoi jouer, je veux faire l'amour. Y a-t-il place pour moi avec quelqu'une de ces Dames ?

FLORIDE.

Allez , allez, M. le Lieutenant , songez que vos camarades attaquent à présent le Fort , qui se défend bien , & que vous irez bien-tôt les relever.

LE COMTE.

Je ne m'épouvante point de tout cela. Faut-il se battre ? je suis prêt. Faut-il monter à la bréche, escalader les murailles ? on ne me verra pas des derniers : mais tant que je serai ici, je ne veux m'inquiéter de rien. Je ne veux songer qu'à me divertir, & à faire l'amour avec vous.

FLORIDE.

Mais, Monsieur, vous m'étonnés, vous ne devez point prendre avec moi de pareilles libertés.

LE COMTE *en montrant Faustino.*

Eh allons, que diable voulez - vous faire d'un jeune homme comme cela ? Avec moi, vous apprendrez l'usage du beau monde.

FAUSTINO.

Comte, respectez Madame, je vous prie.

LE COMTE.

Je serois très-fâché de lui manquer de respect ; mais puisqu'elle fait la conversation avec vous, elle peut bien la faire avec moi, & je soutiens même qu'elle le doit. (*Il va pour s'asseoir à côté de Floride.*)

FAUSTINO *se levant.*

C'est une impertinence que cela.

LE COMTE *se levant.*

Ne m'échauffez pas le sang ?

FAUSTINO.

S'il s'échauffe, je vous ouvrirai la veine pour le tempérer.

LE COMTE.

Je vais vous apprendre à manier l'épée.

ASPASIE.

Eh ! Messieurs, chez le Commissaire.

ASPASIE.

Sans doute, chez le Commissaire ; n'est-ce pas-là qu'on égorge les Officiers, qu'on suce le sang des Soldats ? M. votre pere pour vingt Louis ne refusera pas de nous laisser battre en duel.

FERDINAND.

Non, mon cher ami, faites réflexion au lieu & à la circonstance. Vous vous feriez une fort mauvaise affaire, s'il venoit aux oreilles du Général que vous vous êtes battu dans un temps où il falloit se tenir prêt à exécuter ses ordres. Ce n'est pas-là le moment........

LE COMTE.

Vous avez raison. (*à Faustino.*) Nous nous verrons après la bataille.

FAUSTINO.

Ce sera quand vous voudrez.

FLORIDE.

Oh ciel! est-il possible que vous estimiez si peu la vie, & que vous vous exposiez au danger pour si peu de chose? Je ne suis plus surprise que vous passiez dans les plaisirs & le jeu les instans qui doivent être suivis des périls de la guerre. Je croyois que c'étoit l'amour de la gloire qui devoit vous animer, & vous faire courir à la victoire sous les ordres d'un Général, témoin & juge de votre bravoure. Je m'imaginois qu'une fermeté tranquille & raisonnée qui est le caractere du véritable héroïsme vous guidoit à un triomphe illustre ou à une mort glorieuse. Mais à présent que je vois que vous vous exposez volontairement pour un sujet si léger, à une mort déshonorante, vous me donnez lieu de croire que vous vous conduisez plutôt par fanatisme que par raison. L'habitude que vous vous êtes faite de badiner avec la mort, vous familiarise avec son nom, & c'est machinalement que vous vous exposez à ses coups, plus que par l'effet du courage. Si vous étiez vraiment épris de la gloire, vous feriez, pour en acquérir, plus de cas de la vie, & vous préféreriez le devoir de bon Soldat à la vanité de montrer une bravoure indiscrete & déplacée. (*Elle sort.*)

LE COMTE.

Ma foi elle parle comme un Docteur. Fai-
fons-lui un couplet de chanfon, pour la remercier de la belle leçon qu'elle vient de nou
donner.

FAUSTINO.

Monfieur, elle parle jufte, & elle a bie
raifon.

SCENE III.

CIRILLE, LE COMTE, FAUSTINO, FABIO, FERDINAND, ASPASIE.

CIRILLE, *fautant de joie avec fes béquilles.*

DE la joie, camarades, de la joie. Nous
avons fait trois pieds & demi de bréche.

LE COMTE.

Et comment peut-on le fçavoir ? à peine
eft-il jour.

CIRILLE.

Oh ! il eft jour, il eft jour. (*en fautant.*)
On voit clair dans la campagne ; j'ai été dans
les batteries, j'ai tiré deux coups de canon.

& j'ai si bien ajusté que j'ai embouché droit
une piece de l'ennemi. Oh ! le beau coup !
Le beau coup !

ASPASIE.

Et vous n'avez pas peur qu'un boulet vous
emporte l'autre jambe ?

CIRILLE.

Je m'embarasse bien d'une jambe. J'en don-
nerois dix si je les avois pour le plaisir de dé-
monter un canon. Allons, à quoi vous amu-
sez-vous donc ? Est-ce qu'on ne joue pas ici ?

FABIO.

Le jeu vient de finir.

LE COMTE.

Et j'ai perdu jusqu'à mon dernier sou.

CIRILLE.

Et Ferdinand ?

LE COMTE.

Il s'est amusé à boire.

CIRILLE.

Bon ; & Faustino ?

LE COMTE.

Il a fait l'amour.

CIRILLE.

A merveille. Voilà ce que j'aime ; em-
ployer le tems gaiement, à se divertir. Amis,
dans une heure ou deux tout au plus, ce sera

votre tour de monter la garde aux batterie
Je vous préviens que les ennemis se défende
en désesperés. Ils ont fait une sortie de D
bles. Nous les avons repoussés, mais il no
en coute trente hommes. Ils ont fait un f
terrible, je n'en ai jamais vû de pareil. Vo
le verrez, vous en taterez aussi. Mais jusqu
ce tems-là divertissons-nous, de la joie.

LE COMTE.

C'est bien dit, de la joie ; allons, buvons

FERDINAND.

Soit, buvons.

CIRILLE.

Buvons.

FAUSTINO.

Vive la joie, buvons.

FERDINAND, *à Aspasie.*

Avec la permission de la maitresse de l
maison.

ASPASIE.

Messieurs, vous êtes les maîtres. [*A part.*]
Je ne comprens pas comment ils font. Je n
sçaurois concevoir qu'il soit possible d'être f
gai, au moment d'aller au feu.

CIRILLE.

A la santé de notre Monarque.

TOUS.

Vive le Roi.

[*Ils boivent.*]

FERDINAND.

FERDINAND.

A celle du Général.

TOUS.

Vive notre Général.   [*Ils boivent.*]

FAUSTINO.

A la santé de ceux qui défendent actuellement les batteries.

TOUS.

Vive, vive.   [*Ils boivent.*]

LE COMTE.

Et à la notre à nous qui devons bientôt
voir l'ennemi de près.

CIRILLE.

Bravo. Allons, à votre valeur & à votre
courage. En attendant divertiffons - nous.
Voilà un violon.

    [*Il trouve un violon fur la table.*]

FERDINAND, *à Afpafie.*

Mademoifelle, voulez-vous danfer ?

ASPASIE.

Très-volontiers.

LE COMTE.

Eh bien, danfez, vous autres ; pour nous,
nous allons boire.

    [*Cirille s'affied, laiffe tomber fes bé-
quilles ; il joue un menuet, Ferdinand & Afpafie danfent.*]

B

SCENE IV.

FABIO, *& les Acteurs précédens.*

FABIO.

AMIS, le Général vient d'indiquer un conseil de guerre. Les Officiers de l'Etat Major se sont déjà rassemblés dans sa tente; & il veut que tous les autres se tiennent sous les armes.

FERDINAND.

Sçavez-vous de quoi il doit être question dans ce conseil ?

FABIO.

On doit délibérer si on donnera un assaut général à la place. (*On entend battre le tambour.*) Allons.   (*Il sort.*)

LE COMTE, *courant en sautant.*

A l'assaut, à l'assaut.

CIRILLE, *sautant avec sa chaise.*

A l'assaut, à l'assaut.

FERDINAND.

Au combat.   (*Il sort.*)

FAUSTINO.

A la gloire.   (*Il sort.*)

CIRILLE, *à Aspasie.*

Mademoiselle, faites-moi le plaisir de me donner mes béquilles.

ASPASIE.

Et pour quoi faire, Monsieur ? N'êtes-
vous pas dispensé d'agir ? Reposez - vous,
croyez-moi, vous en avez besoin,

CIRILLE, *avec humeur.*

Donnez-moi mes béquilles.

ASPASIE.

Non, vous ne les aurez pas. (*Elle sort.*)

CIRILLE.

Le diable l'emporte. Oui, je veux aller au
feu, à l'action, aux cannonades.

(*Il sort en sautant avec sa chaise.*)

SCENE V.

*Le Théâtre représente une autre chambre dans
la même maison.*

POLIDORE, *seul.*

MA foi, c'est une belle chose que la
guerre ! j'en dirai toujours du bien ; on
ne doit pas craindre que je fasse des vœux
pour la paix. Si l'on m'entendoit, on me di-
roit, tu prêches pour ton Saint, comme la
femme de cet Exécuteur qui prioit le ciel
d'augmenter les pratiques de son mari. Mais
après tout, quel est l'homme qui ne préfere
pas son intérêt à tout le reste ? Les Avocats
vivent des procès, les Medecins des maladies,

& quel eſt l'Avocat ou le Medecin qui ſou-
haiteroit que toutes les familles vêcuſſent en
bonne intelligence, ou que tous les hommes
jouiſſent toujours d'une bonne ſanté ? S'il n'y
avoit point de guerre, il n'y auroit point de
Commiſſaire des guerres, & quel eſt celui qui
pouvant mettre en quatre ou cinq ans de
guerre cent mille écus en bourſe, s'aviſeroit
par charité pour le prochain de ſouhaiter la
paix ? Ce ſont ceux dont on déſole les campagnes, qui crient contre la guerre, & non
ceux qui vendent à haut prix leur grain &
leur vin pour l'approviſionnement de l'armée : elle fait peſter les marchands qui ſouf-
frent de l'interruption du commerce ; & non
ceux qui chargés des fournitures, gagnent ſur
leurs marchandiſes ou ſur leur argent vingt
ou trente pour cent. Si la guerre fait verſer
des larmes, c'eſt aux familles qui ont le malheur de perdre un pere, un fils ou un parent ;
& non à celles qui les voyent revenir couverts
de gloire & chargés de butin. La guerre fait
encore quelque fois murmurer les ſoldats &
même les Officiers, quand ils n'ont pas ce
qu'il leur faut ; mais on n'entend jamais ſe
plaindre un Commiſſaire comme moi, qui
nâge dans l'abondance, qui gagne ſur les achats
& ſur la vente, & dont le genie & l'adreſſe lui
ſervent de taliſman pour attirer dans ſes po-
ches l'or & l'argent de toute une armée.

SCENE VI.

URSULE, POLIDORE.

URSULE.

VOTRE servante, Monsieur le Commissaire.

POLIDORE.

Oh, oh ; c'est vous charmante Ursule ? qui vous amene si matin ?

URSULE.

Je viens vous rendre compte du gain de cette nuit.

POLIDORE.

Fort bien.

URSULE.

Voici la notte de ce qui s'est vendu. 60 *bouteilles de vin de Champagne, 30 bouteilles de Bourgogne, 16 de ratafia, 22 pintes de brandevin, 40 livres de tabac à fumer, & une caisse de pipes.*

POLIDORE.

Fort bien.

URSULE.

Je vous rapporte le capital que vous avez eu la bonté de m'avancer ; pour le gain, je m'en remets à votre discrétion.

B iij

POLIDORE.

Combien avez-vous gagné ?

URSULE.

Je suis de bonne foi, je vais vous parler
vrai. J'ai gagné le double sur le vin, un tiers
sur le ratafia, & les deux tiers sur le reste.

POLIDORE.

Fort bien. Etes-vous du nombre de ceux
qui crient contre la guerre ?

URSULE.

Le ciel m'en préserve. Au contraire j'en
dis tous les biens du monde. Je n'étois qu'une
pauvre blanchisseuse. J'ai suivi mon mari à
l'armée en qualité de vivandiere. Je suis res-
tée veuve, vous m'avez aidée ; & j'espere
grace à mon industrie & à votre secours, me
voir en état de vivre en grande Dame, quand
je m'en retournerai.

POLIDORE.

Fort bien.

URSULE.

Voulez-vous prendre l'argent que je vous
ai apporté ?

POLIDORE.

Non, ma Reine, gardez-le, faites-le
profiter. Avez-vous besoin de vin ? je vous
en donnerai. Vous faut-il d'autres pro-
visions ? vous n'avez qu'à parler. Ga-
gnez, enrichissez-vous. Vous me plaisez,

je vous veux du bien ; j'aime les gens d'ef-
prit, & je fais cas de ceux qui de peu fçavent
faire beaucoup. Voilà précifément comme
j'ai fait, & quand la guerre fera finie, fi je me
détermine à me remarier . . . fuffit, comptez
que je vous veux du bien.

URSULE.

Oh ! Monfieur, vous voulez rire ; une pauvre blanchiffeufe pourroit-elle fe flatter de
devenir Madame la Commiffaire ?

POLIDORE.

Que voulez-vous dire avec votre blanchiffeufe ! n'êtes-vous pas à préfent une Marchande. Allez, allez, l'argent fait oublier le
paffé. Entre nous, que croyez-vous que j'é-
tois avant d'être Commiffaire ? Je veux bien
vous en faire la confidence de vous à moi
pour relever vos efpérances, & diffiper tous
vos fcrupules fur votre premier état. Je n'é-
tois d'abord qu'un pauvre Tambour. Je fuis
entré par la fuite garçon chez un vivandier ;
j'y ai amaffé une dixaine d'écus, & je me fuis
mis à faire un petit négoce dans l'armée. Après
cela je me fuis fait conducteur de mulets, &
de-là je fuis devenu garde magafin. Je me fuis
intereffé dans l'entreprife des fours, d'où je fuis
parvenu à être approvifionneur de l'armée.
J'ai toujours gagné de l'argent, je me fuis toujours conduit finement, & je me fuis fait bien
venir des Généraux. J'ai fçu répandre de

l'argent à propos, régaler quand il le falloit;
enfin je fuis monté au grade de Commiffaire
des guerres. Eh bien ! qu'en dites-vous à préfent ?

URSULE.

Je dirai comme vous : Fort bien.

POLIDORE.

Il n'y a point dans le monde de plus beau
mariage que celui de l'argent avec l'argent.

URSULE.

Mais moi, je n'ai point de biens.

POLIDORE.

Si vous n'en avez pas, vous pouvez en acquerir. Je fais plus de cas d'une femme qui
fçaura gagner vingt fols dans fa journée, que
d'une autre qui auroit un écu de revenu par
jour. Les rentes font fujettes à des revers ;
avec de l'induftrie on fe tire toujours d'affaire. Eft-ce que je ne parle pas jufte ?

URSULE.

Vous parlez d'or. Comptez que je vais
bien travailler à accumuler. Je vous promets
de faire fructifier comme il faut l'argent que
vous me laiffez. Je leverai dans ma boutique
deux ou trois tables de Pharaon ; je m'interref-
ferai au jeu, & j'y gagnerai ainfi que fur les
cartes. J'acheterai les tabatieres & les montres
des perdans. Je prêterai de l'argent, quand je
verrai qu'il n'y aura point de rifque à courir,

& qu'il y aura lieu d'y gagner. Voilà tout ce
qui fait faire fortune à l'armée en peu de tems.
N'est-il pas vrai ?

POLIDORE.

Fort bien.

URSULE.

Et je vous rendrai compte de tout ce que
je ferai.

POLIDORE.

Fort bien.

URSULE.

Et quand la guerre sera finie...

POLIDORE.

Je vois là deux Sergens qui attendent. Au
revoir, ma chere Ursule.   (*Prêt à s'en aller.*)

URSULE.

Ne m'oubliez pas, Monsieur.

POLIDORE.

Ne craignez rien.

URSULE.

Soyez persuadé que j'ai aussi de l'amour
pour vous.

POLIDORE.

Fort bien.

URSULE.

Et que vous serez content de moi.

POLIDORE.

Fort bien.   (*Il s'en va.*)

B v

SCENE VII.

URSULE, *& enfuite* ASPASIE.

URSULE, *feule.*

EN vérité, ce feroit un beau coup de fortune pour moi, fi j'allois devenir une grande Dame. Que fçait-on ? Il me femble que je fuis en bon chemin. Oh ! vive la guerre. Ce n'eft qu'à la guerre qu'on peut voir de ces métamorphofes fubites. Mais j'apperçois la fille du Commiffaire ; tâchons de nous infinuer dans fes bonnes graces, pour ne pas trouver en elle un ennemi dans la maifon.

ASPASIE.

Que cherchez-vous ici ? Que voulez-vous ? Qui demandez-vous ?

URSULE, *avec beaucoup de refpect.*

Madame, c'eft vous que je demandois.

ASPASIE.

Eh bien, ma belle enfant, en quoi puis-je vous fervir ?

URSULE.

Je tiens, comme vous le fçavez, une petite boutique. Je gagne quelque chofe ; cela m'attire l'envie, & me fait perfécuter. Il eft vrai que M. le Commiſſaire a quelques bontés pour moi, mais je ſuis bien aiſe auſſi, Madame, d'être honorée de votre protection.

ASPASIE.

La pauvre enfant ! qu'eſt-ce que vous vendez ?

URSULE.

Un peu de tout. Le vin, l'eau-de-vie & le ratafia font le plus fort de mon commerce ; mais je vends auſſi des bijoux. Tenez, Madame, que dites-vous de cet étui de piéces ? N'eſt-il pas beau ?

ASPASIE.

Très-beau, en vérité.

URSULE.

C'eſt un étui d'Angleterre.

ASPASIE.

On le voit bien. Il me plait infiniment.

URSULE.

Madame eſt de très-bon goût.

ASPASIE.

Je n'en ai jamais vu qui m'ait tant plu.

URSULE, *à part.*

J'entends, elle en a envie : mais je veux le lui faire un peu acheter.

B vj

ASPASIE, *à part.*

Si elle veut avoir ma protection, elle devroit m'en faire la galanterie.

URSULE, *l'ouvrant.*

Voyez toutes les jolies pieces qu'il renferme.

ASPASIE.

Il eſt admirable. De quel prix eſt-il?

URSULE.

Il eſt de ſix Louis.

ASPASIE.

Six louis! vous vous mocquez de demander ſix louis de cet étui là. Je conviens qu'il eſt beau, je l'aurois même acheté; mais il eſt de beaucoup trop cher. Je conçois à préſent le ſujet de votre appréhenſion. Vous vendez les choſes le double de ce qu'elles valent; & vous voudriez que je protégeaſſe une uſuriere, une friponne? Je vous aſſure que j'en informerai mon pere; je vous ferai fermer votre boutique, & je vous ferai chaſſer de l'armée. On doit vendre à juſte prix. Nous ne voulons que ce qui eſt juſte, & je ne protegerai jamais l'injuſtice.

URSULE.

Pardon, Madame; j'ai dit qu'il étoit de ſix louis; mais c'eſt pour le premier venu: je ne penſois pas que vous euſſiez envie de l'acheter. S'il vous fait plaiſir, il eſt à votre ſervice.

ASPASIE.

Eh! bien! à combien me le mettrez-vous?

URSULE.

Je ne veux, Madame, que l'honneur de votre protection.

ASPASIE.

Oh! pour cela....

URSULE.

Ayez la bonté de m'écouter, Madame. Il est vrai que je vends ces étuis-là fix louis, mais ils me reviennent à beaucoup moins. Daignez l'accepter, & laiſſez-moi le ſoin de m'en dédommager avec quelqu'autre marchand.

ASPASIE.

La pauvre femme! l'un paye, & l'autre ne paye point. Combien de gens iront chez-vous prendre votre marchandiſe, vous promettront de vous payer, & vous attraperont. En vérité, vous êtes bien excuſable de ſurfaire aux autres pour vous en retirer.

URSULE.

C'eſt ce que je vous diſois, Madame, & c'eſt ce qui me fait recourir à vos bontés.

ASPASIE.

Soyez ſure, ma chere, que je ſerai toujours pour vous.

URSULE.

Je vous ſupplie de me recommander à Monſieur votre pere.

ASPASIE.

De tout mon cœur. Ah ! çà, s'il vous vien
quelque chose de beau, ne manquez pas d
me le faire voir.

URSULE.

Madame, je n'y manquerai pas. (*A part*)
Il faut avouer que je suis une femme bien
généreuse.

SCENE VIII.

ASPASIE, FLORIDE.

ASPASIE.

J'AIME à faire du bien tant que je peux,
Cette pauvre femme se donne de la peine,
& l'on voit qu'elle a le cœur excellent.

FLORIDE.

Ah ! Mademoiselle, secourez-moi, de grace.

ASPASIE.

Qu'avez-vous, Madame ? Vous me pa-
roissez bien agitée ?

FLORIDE.

Ne sçavez-vous pas qu'on tient actuellement conseil de guerre ?

ASPASIE.

Et qu'est-ce que cela me fait ? Il s'en tient
continuellement à l'armée, & je n'ai jamais
la curiosité de m'informer de ce qui s'y traite.

FLORIDE.

Hélas ! on y traite à préfent du deftin de ma patrie , & peut-être de la vie de mon pauvre pere.

ASPASIE.

Comment ! feriez-vous bien aife que la place fe défendit , que les nôtres euffent du deffous , & fuffent taillés en pieces ?

FLORIDE.

Je n'ai pas l'ame fi cruelle. Je voudrois la paix , & non la perte des hommes.

ASPASIE.

Pauvre petite ! votre cœur eft partagé. Il y en a la moitié ici , & l'autre dans le Fort.

FLORIDE.

Vous voulez me reprocher l'amour que j'ai pour Fauftino. J'aime , il eft vrai , ce jeune Gentilhomme. Cependant il eft mon ennemi , & en cette qualité , je devrois le hair. Mais malgré tous mes efforts , fes belles qualités m'ont fubjuguée. Je regarde comme un bonheur pour moi , que Monfieur votre pere ait pris chez moi fon quartier ; puifque votre aimable compagnie me fait paroître ma captivité moins dure,& que c'eft par votre moyen que Fauftino s'eft introduit ici. Le feu de fes regards, la douceur de fes paroles, la pitié qu'il a marquée pour mes infortunes , m'ont forcée en dix jours de tems de l'aimer. Le cruel me

flattoit (je ne fçais fi c'eft pour fe moquer
moi, ou pour me confoler) que la conclufion
de la paix mettroit fin à mes craintes, & qu'en
revoyant mon pere libre, j'aurois eu fa fatif
faction de trouver un ami de ma patrie, dans
un amant qui m'eft cher. Mais hélas ! tout au
contraire ; la guerre s'allume de plus en plus.
On bat la place, on a fait bréche, & l'on
parle à préfent de la prendre d'affaut. Le dan
ger de mon pere me fait trembler ; je tremble
auffi, je vous l'avoue, pour mon amant ; mon
cœur combattu de deux paffions, reffent tous
les coups que fe portent les deux partis, & le
vainqueur & le vaincu me rendent également
affreufe, la défaite ou la victoire.

ASPASIE.

En vérité je vous plains. N'étant point ac
coutumée au tumulte des armes, il n'eft pas
étonnant que vous foyez fi fufceptible de
crainte. Pour moi qui fuis depuis quelque
tems faite à tout cela, j'ai le cœur fi aguerri,
que je n'éprouve plus de paffion. J'ai perdu
dans les combats plus de cent officiers qui
mouroient d'amour pour moi. Dans le com-
mencement, j'en ai regretté quelques uns ; mais
à préfent on a beau dire, un tel a été tué ; cela
ne me fait pas plus d'impreffion que fi l'on me
difoit, il a perdu au jeu. La guerre n'eft en
effet qu'un jeu de la fortune. Exception faite
des ordres réfléchis & combinés des Com-

mandans, & de l'intrépidité des foldats, la vie
& la mort ne font à la guerre qu'un pur effet
du hazard. Les coups de canons, les coups de
moufquet ne s'adreffent pas, en général, plus
à l'un qu'à l'autre ; malheur à celui qu'ils
rencontrent. Le plus poltron peut avoir le
bonheur d'en échaper, & le plus brave, le
malheur d'en périr. Auffi quand je me lie avec
des Officiers qui doivent aller combattre, je
m'imagine avoir affaire à des ombres. C'eft
ce qui fait que je les traite tous également, &
que je ne prends de paffion pour aucun ; je
les vois partir fans chagrin pour une action.
Je me réjouis avec ceux qui en reviennent,
j'oublie ceux qui y ont peri, en un mot je
m'amufe avec les vivans, & je ne regrette
point les morts.

FLORIDE.

Que vous êtes heureufe de pouvoir, inf-
truite par l'habitude, & fecondée par un excellent caractere, traiter avec tant d'indiffe-
rence les fujets les plus triftes & les plus fe-
rieux. Je ne fçais cependant comment vous
vous en tireriez, fi vous voyiez votre pere en
danger.

ASPASIE.

Il eft vrai que je ne me fuis jamais trouvée
en pareil cas ; des gens comme nous vont à
l'armée avec tous leurs aifes, & fans rifquer
leur vie. Mais fi mon pere étoit militaire &

venoit à périr, sa mort m'affecteroit bea[u]
coup moins que si je le voyois mourir de m[a]
ladie dans son lit. En un mot on ne me[urt]
qu'une fois, & je pense que les souffran[ces]
d'un malade sont beaucoup plus douloure[uses]
que les incommodités d'un soldat ; & qu'o[n a]
beaucoup plus de chagrin à voir quelqu'[un]
mourir peu à peu, que d'apprendre tout d['un]
coup qu'il est mort.

FLORIDE.

Il est aisé de voir que la societé des Mi[li]
taires vous a habituée à penser differemm[ent]
des autres. Vous ne parleriez pas ainsi, si vo[us]
n'aviez jamais été obligée de suivre l'armé[e.]
C'est une vérité reconnue, que l'éducation i[n]
flue beaucoup sur l'esprit & sur le cœur.

ASPASIE.

Je voudrois de tout mon cœur dissiper p[ar]
mes raisonnemens la tristesse où je vous vo[is]
plongée. Mais je m'apperçois que mes efforts.
Allons, courage, Mlle., si je ne peux réuss[ir]
à vous consoler, grace au ciel je vois ven[ir]
une personne qui sera plus heureuse que mo[i.]

FLORIDE.

Qui est-ce donc ?

ASPASIE.

Faustino.

FLORIDE.

Fasse le ciel qu'il m'apporte quelque nou[ve]
velle consolante. Ah ! s'il pouvoit m'annon[
cer la paix.

SCENE IX.

FAUSTINO, ASPASIE, FLORIDE.

FAUSTINO.

VOus me revoyez encore, mon aimable Floride.

FLORIDE.

Le conseil de guerre est donc fini.

FAUSTINO.

Oui, il vient de finir.

ASPASIE.

Apprenez-nous donc ce qui s'y est passé.

FAUSTINO.

Très-volontiers. Il a été décidé de donner l'assaut, d'entrer par la bréche ; & si l'ennemi ne se rend pas, de faire la garnison prisonniere de guerre.

FLORIDE.

Ah ! souvenez-vous que mon pere est un des défenseurs...

FAUSTINO.

Oui, Madame, j'aime & je respecte celui qui vous a donné le jour, Je brûle de le connoître, de l'embrasser , & de me jetter à ses pieds pour lui demander son adorable fille en mariage. Mais tant que nous serons en guerre,

je le regarderai comme un ennemi, je fou-
haiterai de le vaincre, j'agirois de même s'
étoit mon pere. Un brave Officier jure à fa
Souverain une fidelité fans bornes, il fe dé-
pouille de toute affection; il les facrifie tout
à fa gloire & à fa réputation.

ASPASIE, *à Floride.*

Eh bien, vous l'entendez? Comment voulez-vous qu'ayant tous les jours les oreille
rebattues de femblables propos, je ne de
vienne pas malgré moi une héroïne?

FLORIDE.

Si vous n'êtes occupé que de ces idées d
force, d'honneur & de fidélité, pourquoi venir vous préfenter aux yeux d'une infortunée
Venez-vous jouir de mon défefpoir? Venez
vous exprès pour m'infulter?

FAUSTINO.

Non, ma chere amie, je viens pour vou
dire un adieu qui fera peut-être le dernier.

FLORIDE.

Hélas! vous appréhendez donc vous-même
de ne me plus revoir?

ASPASIE.

Comment ne voulez-vous pas qu'il appréhende? Il me paroît qu'il en a fujet. Il va
monter à l'affaut, & l'on ne porte plus de caf-
ques, de boucliers, ni de cuiraffes. Il faut qu'il
monte fans cet équipage, à travers une grêle

de coups de fufils ; en efcaladant les murailles, on fera pleuvoir fur lui les pierres, les bales & les coups de bayonnettes ; s'il a le malheur d'être attrapé, ma foi, adieu Monfieur l'Enfeigne, on n'en retrouvera pas le moindre veftige.

FLORIDE.

Ah ! finiffez de grace. Pouvez-vous me peindre avec de fi noires couleurs le peril qu'il va courir, & avoir le cœur d'en rire ?

ASPASIE.

Quoi, vous ne vous fouvenez plus que j'y fuis habituée ? C'eft la force de l'éducation.

FAUSTINO.

Ma chere Floride, accordez-moi du moins dans ces derniers momens quelque regard de pitié.

FLORIDE.

Allez, barbare, allez ; & fi vous vous rencontrez avec mon pere, oubliez que je fuis fa fille.

FAUSTINO.

Le fort des armes eft écrit dans le ciel. Nous pouvons être vainqueurs, nous pouvons être vaincus. Si j'ai l'avantage, je ferai beaucoup moins fenfible à mon bonheur, qu'à la colere que je lis dans vos yeux. Ah ! je vous en conjure, belle Floride, aimez-moi, plaignez-moi, & confervez pour moi cette bonté avec laquelle vous avez fouffert ma flamme. Je

vous jure, fi j'en reviens, de vous aimer toujours, d'être tout à vous, & de vous rend
auffi heureufe qu'il dépendra de moi.

FLORIDE, *à part.*

Hélas! quel moment pour mon cœur!

ASPASIE, *à part.*

Voilà les Officiers; avec la mort devan
les yeux, ils veulent encore faire l'amour.

FAUSTINO.

Dites-moi un mot de confolation. J'irai
combat avec plus de fermeté, fi j'empor
l'idée flateufe d'être aimé de vous. Le mo
ment où je vous parle de mon amour vous
un fur garand de la pureté de mes fent
mens.

SCENE X.

UN CAPORAL, *& les Acteurs précéden*

LE CAPORAL.

ALLONS, vîte, mon Officier. Tout
camp eft fous les armes, & l'on a d
donné le premier fignal de l'affaut.

FAUSTINO.

Adieu, ma chere. Aimez-moi, fi vo
m'en trouvez digne; & que le ciel ordonne
mon fort.   [*Il s'en v*

FLORIDE, *à Aspasie.*

Ah ! ciel ! tâchez de le retenir.

ASPASIE.

Ce seroit peine perdue, croyez-moi. Le son du tambour a la vertu de faire perdre aux guerriers toute autre considération.

FLORIDE.

Cher amant ! pere infortuné ! mais hélas ! je suis la plus malheureuse de tous.

ASPASIE.

Tenez, regardez la personne qui vient. C'est Marianne, la femme du Commandant du Fort. Elle a plus de sujet d'être affligée que vous ; car la défense de la Place regarde son mari, & il est responsable de la conduite qu'il tiendra.

FLORIDE.

Il est impossible qu'il y ait quelqu'un de plus affligé que moi.

SCENE XI.

MARIANNE, FLORIDE, ASPASIE.

MARIANNE.

EXcusez, Mademoiselle, si je viens vous incommoder.

ASPASIE.

Vous me faites honneur, Madame.

MARIANNE.

Je viens ici chercher un afile, car le cano[n]
de la Fortereffe a fi fort endommagé ma mai[-]
fon, que je m'attends à tout moment à la voi[r]
écrouler.

ASPASIE.

Vous avez fort bien fait. Celle-ci eft plu[s]
à l'abri, & il n'y a point de boulets à craind[re.]

FLORIDE.

Comment, Madame ? Votre époux e[t]
Commandant du Fort, la direction des ba[t-]
teries dépend de lui., & il ne refpecte pas [la]
demeure de fa femme, il ne craint pas [de]
l'expofer au danger ? Il me paroît qu'il a bie[n]
peu d'egard & d'attachement pour vous.

MARIANNE.

Je vous demande pardon, Mademoifelle [;]
mon mari a pour moi la plus vive tendreffe [;]
& je fuis fure qu'il donneroit fa vie pour fau[-]
ver la mienne. Mais quand il y va de l'hon[-]
neur, un brave Militaire, un bon Officier n[e]
regarde que fon devoir. Notre maifon e[ft]
placée dans le quartier même de nos enne[-]
mis, & il ne fonge qu'à les incommoder p[ar]
fes batteries, au rifque de facrifier fa prop[re]
demeure. Loin de l'en blamer, j'approu[ve]
au contraire fon courage. A chaque cou[p]
de canon, au lieu de m'attrifter, je ne cef[fe]
de faire des vœux pour qu'il ne porte poin[t]

faux; il semble même que mon cœur s'empreſſe
d'aller animer & diriger la main du canno-
nier. Je ne regrette point d'être éloignée de
mon mari. Si je ſouhaittois d'être dans la
Place, ce ſeroit pour le ſeconder, pour l'en-
courager ; & dans la ſituation où je me trouve, je ne peux que m'applaudir de ſon courage, & travailler à me rendre de plus en plus
digne de lui, en rejettant une lâche frayeur,
& en lui ſouhaittant la victoire à quelque prix
que ce ſoit.

ASPASIE, *à Floride.*

Vous entendez ? Voilà les femmes qui font
honneur à notre ſexe, & non celles qui trem-
blent, qui pleurent. ...

FLORIDE *à Aſpaſie..*

Je n'ai point aſſez de force pour ſurmon-
ter ma douleur ; mais je n'ai pas non plus l'ame
aſſez baſſe pour ſupporter vos inſultes.

ASPASIE.

Mon deſſein n'étoit pas de vous offenſer..

FLORIDE.

C'eſt aſſez, Mademoiſelle. Contentez-vous
de vous féliciter de votre intrépidité, ſans
vous faire un jeu de mes chagrins.

[*Elle ſort.*]

C

SCENE XII.

MARIANNE, ASPASIE.

ASPASIE.

EN vérité, elle me fait rire.

MARIANNE.

Vous avez tort, Mademoiselle ; on ne
point rire de la foiblesse des autres. Tous
cœurs ne sont pas de la même trempe, il
se preter. . .

ASPASIE.

J'en conviens, vous avez raison ; mais
chons quelle nouvelle ce Caporal nous
porte.

SCENE XIII.

UN CAPORAL, MARIAN
ASPASIE.

LE CAPORAL, *à Marianne.*

MADAME, comme j'ai sçu que vous
ici, je viens vous apprendre que le
siegés ont arboré le drapeau blanc, &
demandent à capituler.

MARIANNE.

Est-il possible que mon mari soit forcé de se rendre ? Qu'il ne puisse tenir plus long-tems ?

ASPASIE.

Il faut croire, puisqu'il le fait, que la nécessité l'y contraint.

LE CAPORAL,

Le bruit public est que la Place manque de vivres & d'hommes.

[*Il s'en va.*]

MARIANNE.

Je vais donc m'en retourner chez moi. Je serai toujours contente si mon mari a fait son devoir, & s'il obtient des conditions aussi honorables que sa valeur & sa conduite le méritent.

[*Elle s'en va.*]

ASPASIE.

Pour moi, tout cela m'est fort indifferent. Je ne suis cependant pas fâchée qu'il y ait une suspension d'armes ; car c'est le tems des festins, des jeux & des plaisirs.

Fin du premier Acte.

ACTE II.

SCENE PREMIERE.

Le Théâtre repréfente une Campagn[e]

Plufieurs SOLDATS *chargés de chevrea[u]*
de poules, de chapons, de vin, &c.

Premier SOLDAT.

QUAND j'ai vû l'affaut du fort fufpen[d]
ma foi, j'ai pris le parti d'aller donner l'aff[aut]
à un poulailler.

Second SOLDAT.

Moi, j'ai fait ce chevreau prifonnie[r]
guerré.

Troifiéme SOLDAT.

Et moi, j'ai tiré du fang à un tonneau.

Premier SOLDAT.

Il n'eſt pas malheureux que l'ennemi ait arboré le drapeau blanc.

Second SOLDAT.

S'il n'avoit pas demandé à capituler, nous aurions taillé la Garniſon en piéces.

Troiſiéme SOLDAT.

Ma foi, le parti qu'il a pris eſt le meilleur pour nous. Du moins pendant l'armiſtice nous pouvons nous donner du bon tems.

Premier SOLDAT.

Allons faire du bois & apprêter la cuiſine.

Second SOLDAT.

Il vient du monde, allons nous-en? (*Ils s'en vont.*)

SCENE II.

LISETTE, *portant un panier de pro-viſions, & pourſuivie par deux Soldats.*

LISETTE.

Allons, laiſſez-moi tranquille : laiſſez-moi continuer mon chemin.

Quatriéme SOLDAT.

Allons, allons, venez avec nous, vou
vous en trouverez bien?

LISETTE.

Qu'eſt-ce que c'eſt que ces impertinens-là
Sçachez que je ſuis une honnête fille ?

Cinquiéme SOLDAT.

Qu'avez-vous là dans ce panier ?

LISETTE.

Laiſſez-là mon panier ?

Quatriéme SOLDAT.

Si vous avez quelque choſe à vendre, no
vous l'acheterons.

LISETTE.

Non, je n'ai rien. Je n'ai rien à vo
vendre.

Cinquiéme SOLDAT.

Eſt-ce que vous croyez que nous ſomm
gens à ne pas payer ? tenez, voilà de l'arge
allons, vendez-nous ce que vous avez ?

LISETTE.

A la bonne heure : j'ai du fromage, d
œufs & du fruit.

Quatriéme SOLDAT.

Combien voulez-vous vendre ce fromag

LISETTE.

Un écu.

Cinquiéme SOLDAT.

Et ces œufs, combien en voulez-vous?

LISETTE.

Je les vend trente sols le quarteron.

Quatriéme SOLDAT.

Je vous donnerai du fromage une piéce de vingt-quatre sols.

LISETTE.

Vous badinez, rendez-moi mon fromage?

Cinquiéme SOLDAT.

Vingt-quatre sols de ce fromage? Tu veux donc friponner cette petite fille.

Quatriéme SOLDAT.

Pour quoi te mêles-tu de mes affaires?

Cinquiéme SOLDAT.

Je m'en mêle parce que je te connois pour un fripon.

Quatriéme SOLDAT.

Moi, fripon! ah! coquin! (*Il prend sa bayonnette.*)

Cinquiéme SOLDAT.

Ah! morbleu! (*Il prend aussi la sienne, ils font semblant de vouloir se battre, & se sauvent avec les œufs & le fromage.*)

LISETTE *pleurant.*

Mes œufs, mon fromage? Que je suis malheureuse! Ils m'ont enlevé ce que j'avois. Que dira ma mere? Que vais-je devenir?

SCENE III.

LE COMTE, *suivi de quelques Soldats.* LISETTE.

LE COMTE.

QU'AVEZ-VOUS, la belle enfant ?

LISETTE *pleurant.*

On m'a pris mes œufs & mon fromage.

LE COMTE.

Et qui font ces coquins-là ?

LISETTE, *en montrant le côté par où les Soldats font fortis*

Ce font ces deux Soldats.

LE COMTE.

Où font-ils ?

LISETTE.

Tenez, les voilà ; ce font ces deux-là qui s'en vont en fautant. Ils ont fait femblant de vouloir fe battre, & à préfent ils fe réjouiffent de m'avoir attrapée. Malheureufe que je fuis ! Ma mere va me gronder. (*Elle pleure.*)

LE COMTE *à fes Soldats.*

Courez vîte après eux, & arrêtez-les. La

Général a fait défenſe , ſous peine de la vie, de prendre la moindre choſe pendant l'ar‑miſtice. Conduiſez-les au Grand Prevôt ils feront punis comme ils le méritent.

LISETTE *pleurant.*

Mais cela ne me rendra pas mes œufs ni mon fromage.

LE COMTE.

Allons, calmez-vous ; à combien ſe mon‑te ce qu'ils vous ont pris ?

LISETTE *pleurant.*

A un écu de ſix francs.

LE COMTE.

Et vous pleurez pour ſix francs,

LISETTE.

Je pleure parce que ma mere me gron‑dera.

LE COMTE.

Eh bien , afin que la maman ne crie point & que vous ne pleuriez plus , voilà vos ſix francs.

LISETTE.

Eſt-ce pour tout de bon ? Eſt-ce bien-là un écu de ſix francs ?

LE COMTE.

Me croyez-vous homme à vous tromper ?

C v,

LISETTE.

A vous dire vrai, j'ai peur, & je ne m'y
fie pas trop.

LE COMTE.

Je suis Officier & homme d'honneur.

LISETTE.

Vous ne me donnez donc rien pour la
frayeur que j'ai eüe ?

LE COMTE.

Oh! cela, c'est une autre affaire; avez-
vous encore quelque chose à vendre ?

LISETTE.

Monsieur, il me reste encore le peu de fruit
que vous voyez.

LE COMTE.

Combien en demandez-vous ?

LISETTE.

Un petit écu.

LE COMTE.

Un petit écu? eh bien, je vous le donnerai.

LISETTE.

Voilà le fruit.

LE COMTE.

Oui, mais il faut l'apporter à mon quartier.

LISETTE.

Eh mais vraiment !

LE COMTE.

Que voulez-vous dire ?

LISETTE.

Que je ne vais point au quartier d'un Officier.

LE COMTE.

Et par quelle raison ?

LISETTE.

Parce je ne veux pas qu'il m'arrive ce qui est arrivé à ma mere.

LE COMTE.

Et qu'est-ce qui est arrivé à votre mere ?

LISETTE.

Je n'en sçais rien, je ne m'en embaraffe pas, mais je n'y veux pas aller.

LE COMTE.

Eh bien, si cela est ainsi, vous n'avez qu'à garder votre fruit.

LISETTE, *pleurant.*

Voyez les belles manieres ! il me promet un petit écu, & il ne me veut plus rien donner.

LE COMTE *à part.*

Elle fait l'innocente, mais je la crois rufée comme un petit diable.

LISETTE.

Vous avez dit que vous me donneriez trois

livres de mon fruit ; ainfi, j'entends l'avoir
vendu : tenez, le voilà ; fi vous ne voulez
pas me le payer, je ne m'en foucie gueres.

(Elle jette en pleurant le panier avec le
fruit par terre.)

LE COMTE.

Je ne refufe pas de vous donner l'écu, même deux & trois, & tout ce que vous voudrez;
mais il faut être un peu plus douce.

LISETTE *prenant un air plus ferein.*

Je ne fuis pas méchante.

LE COMTE.

Comment vous appellez-vous ?

LISETTE.

Lifette.

LE COMTE.

Avez-vous votre mere ?

LISETTE.

Oui, Monfieur.

LE COMTE.

Et votre Pere ?

LISETTE.

Hélas ! le pauvre homme ! Il eft mort, &
c'eft la guerre qui en eft caufe. Il s'eft tant fa-
tigué à faire du bois pour vous autres Officiers,

qu'il en eft péri. Vous devriez bien me donner quelque chofe pour cela. (*Elle pleure.*)

LE COMTE.

Hé bien, je vous donnerai tout ce que vous
voudrez, mais à condition que vous ne pleu-
rerez plus.

LISETTE.

Qu'eft-ce que vous me donnerez, fi je ne
pleure plus.

LE COMTE.

Je vous donnerai un Louis?

LISETTE.

Et fi je ris?

LE COMTE.

Un double Louis?

LISETTE *riant.*

Allons, donnez-le moi?

LE COMTE.

Venez à mon quartier?

LISETTE.

Ne voilà-t-il pas? En vérité on ne fçauroit
fe fier à vous autres trompeurs.

LE COMTE *s'approchant d'elle.*

Lifette?

LISETTE.

Laissez-moi tranquille ?

LE COMTE.

Voilà un beau double Louis.

LISETTE *riant.*

Est-ce pour moi ?

LE COMTE.

Pour vous.

LISETTE *riant.*

Vous me le donnez ?

LE COMTE.

Oui, si vous venez au quartier.

LISETTE.

Maudit soit le quartier !

SCENE IV.

CIRILLE *sautillant & chantant*, LE COMTE, LISETTE.

CIRILLE *chante*.

Vive la guerre & la tendreſſe :
Mon cœur nage dans l'allégreſſe,
Quand j'attaque un jeune Tendron ;
Ou qu'on fait ronfler le canon.

(*Il ſaute.*)

Courage, bravo, cher Comte, voilà ce que j'aime ; qu'on ne perde point de tems ; ou combattre, ou faire l'amour.

LE COMTE.

Cirille, cette jeune fille me déſeſpere.

CIRILLE.

Et pourquoi?

LE COMTE.

Parce que tantôt elle pleure & tantôt elle rit. Elle voudroit que je lui donnaſſe de l'argent, & elle ne veut pas venir au quartier.

CIRILLE.

Elle ne veut pas venir au quartier? Elle

ne le veut pas ? Oh, je l'y ferai bien venir,
moi. (*En fautillant.*)

LISETTE.

Hé oui dà, vous m'y ferez venir ? Oh je
vous réponds bien que non. (*En fautillant
comme lui & le contrefaifant.*)

CIRILLE *la menaçant avec une de fes béquilles.*

Attends, coquine, tu te mocques de moi,
je crois.

LISETTE *pleurant & s'approchant du Comte.*

Allons, laiffez-moi en repos ?

LE COMTE.

Laiffez-là cette pauvre enfant : ne la faite
pas pleurer ?

CIRILLE.

Vous êtes bien bon de vous arrêter à fes
larmes. Oh que je ne fuis pas fi dupe que
vous, je vous la garantis plus maligne qu'un
diable. (*en fautillant.*)

LISETTE *le contrefaifant.*

Oüi, qui t'emporte ?

CIRILLE.

Oh, par la morbleu !

LE COMTE *à Lifette.*

Venez ici, ne prenez pas garde à lui.

LISETTE.

A propos, où avez-vous mis le double Louis?

LE COMTE.

Dans ma poche.

LISETTE *pleurant.*

La belle charité! Il me le promet, & se mocque de moi.

LE COMTE.

Mais ne pleurez donc pas?

CIRILLE.

Ne vous fiez pas à elle?

LISETTE.

Mais en un mot, je ne suis qu'une fille; je ne sçaurois aller à votre quartier sans ma mere. Si je lui disois que vous m'avez donné un double Louis, elle pourroit peut être bien consentir à m'y mener. (*Elle paroît vouloir s'empêcher de pleurer,*)

CIRILLE.

Que la peste te creve! Vous l'entendez? Je vous jure qu'elle en sçait plus long que nous. Elle voudroit attraper votre Louis.

LISETTE *pleurant fort.*

Ce vilain boiteux me fait enrager.

LE COMTE à *Lisette.*

Hé bien, pour un Louis je ne veux pas chagriner une jolie fille. Je vais vous le don-

ner, je verrai fi vous vous mocquerez de
moi.

CIRILLE *courant fe mettre entre le*
Comte & Lifette.

Je ne veux pas que vous lui donniez?

LISETTE *à Cirille.*

Et de quoi vous mêlez-vous?

LE COMTE.

Hé laiffez-moi facrifier ce Louis! (*Il al-*
longe la main pour le donner à Lifette.)

CIRILLE *voulant l'empêcher.*
Non, Monfieur?

LISETTE.

Que le Diable t'emporte? (*Elle pouffe Ci-*
rille, le jette par terre, prend le Louis & s'enfuit.)

____

SCENE V.

CIRILLE, LE COMTE,

CIRILLE *au Comte qui le relève.*

AIDEZ-MOI?

LE COMTE.
Vous vous l'êtes attiré.

CIRILLE.
Eft-ce que vous lui avez donné le Louis?

LE COMTE.

Sans doute, je le lui ai donné.

CIRILLE.

Que vous êtes un nigaut?

LE COMTE.

Plaît-il?

CIRILLE.

J'ai eu les plus belles filles du monde, & il ne m'en a jamais coûté un sol : & vous, voilà comme vous jettez l'argent ; extravagant, écervelé que vous êtes.

LE COMTE.

Don Cirille, ménagez un peu vos termes?

CIRILLE.

Et même aujourd'hui, tout boiteux que je suis, il ne tient qu'à moi de faire courir après moi toutes les femmes que je voudrai ; & je suis sûr que j'aurois le plaisir de vous voir ber-né, Monsieur l'amoureux transi.

LE COMTE.

Vous êtes un téméraire, un impertinent.

CIRILLE *en sautillant.*

A moi, téméraire! à moi, impertinent!

LE COMTE.

A vous même ; & si vous n'êtiez pas dans l'état où vous êtes, je vous apprendrois à parler.

CIRILLE.

Vous ne me faites pas peur ; morbleu vous m'en ferez raifon.

LE COMTE.

Je ne me bats point avec un homme eftropié.

CIRILLE.

S'il me manque une jambe, il ne me manque point de bras ; nous nous battrons au piftolet.

LE COMTE.

A la bonne-heure ; nous nous reverrons une autre fois. (*Il s'enva.*)

CIRILLE.

Il s'imagine apparemment me faire peur ; à moi ! à un homme qui a eu vingt-cinq duels ! Oh ! morbleu je lui ferai voir que j'ai du cœur, & que Don Cirille, avec une jambe de moins, fera toujours Don Cirille.

Vive la guerre & la tendreffe, *&c.*

Il s'enva en fautillant & en chantant.

SCENE VI.

Le Théâtre repréſente une chambre dans la maiſon du Commiſſaire.

FLORIDE, ASPASIE.

ASPASIE.

MADEMOISELLE, je vous fais mon compliment.

FLORIDE.

Oui, je ſuis au comble de la joie : le ciel a exaucé mes vœux ; je ne crains plus pour mon peré, & je ne ſens plus le chagrin qui me dévoroit.

ASPASIE.

Votre joie n'a-t-elle pour objet que la conſervation de votre pere ? Ce cher Fauſtino n'y entre-t-il pour rien ?

FLORIDE.

Non : je me ſouviens encore de quel front il paroiſſoit courir à la perte de mon pere. Il eſt vrai que j'ai ſenti un moment de foibleſſe lorſque je l'ai vû partir pour aller expoſer ſes jours ; mais à préſent qu'il eſt hors de danger, je ne penſe plus qu'à la cruauté avec laquelle il eſt venu me vanter ſon courage, ſa bravoure, ou plûtôt ſon fanatiſme pour la gloire.

ASPASIE.

Fauſtino eſt un homme franc & ſincere.
Sa franchiſe devroit être pour vous une nouvelle raiſon de l'eſtimer.

FLORIDE.

Le goût que vous avez pour la guerré, vous
fait prendre le parti des Militaires. Pour moi
je ne ſçaurois penſer comme vous. Fauſtino a l'extérieur aimable , mais je crois qu'il
a l'ame dure. Je l'ai aimé ſans le connoître ; à
préſent je crains de l'aimer , & j'appréhende
que la férocité de ſon caractere n'influe ſur ſon
amour , & qu'il ne me paye un jour de ma
tendreſſe par des façons dures & Militaires.

ASPASIE.

Si vous le revoyiez , vous ne parleriez peut-
être pas de même.

FLORIDE.

Cela ſe pourroit , mais je n'en crois rien.

ASPASIE.

Je répondrois qu'il vous aime ſincérement.

FLORIDE.

Vous voyez la belle preuve qu'il me donne
de ſon amour. Eſt-il accouru pour me voir ?

ASPASIE.

Mais il faut ſçavoir ſi ſon devoir le lui a
permis.

FLORIDE.

Hé , dites plûtôt qu'il ne fe foucie plus de
moi.

ASPASIE.

A ce qu'il me paroît, vous avez grande envie de le revoir.

FLORIDE.

Oui , je ne m'en cache pas : je fuis curieufe
de fçavoir s'il eft fâché , de n'avoir pas rem-
porté une victoire qui m'auroit coûté des larmes & peut-être la vie,

ASPASIE.

Ah! bon, le voici : vous allez vous fatif-
faire. Adieu , Mademoifelle?

FLORIDE.

Où allez-vous donc ?

ASPASIE.

J'ai une affaire preffante; de plus je fuis
bien aife de vous laiffer en liberté. Je ferois
fâchée que ma préfence vous gênât au point
de vous engager à foutenir la maxime que
vous avez adoptée. Nous nous reverrons dans
peu, & je compte vous trouver changée. Ah!
ma chere amie ! l'Amour fait de grands mi-
racles. (*Elle s'enva.*)

FLORIDE.

Tout eft poffible à l'Amour ; mais il ne me
fera jamais aimer un ingrat.

SCENE VII.

FLORIDE, FAUSTINO.

FAUSTINO.

AH! belle Floride ! vous voyez un homme comblé de joie & de satisfaction, de vous vous voir contente & heureuse. Le Ciel a secondé mes vœux. Vous voilà délivrée de vos craintes ; je ne vous verrai plus baignée de larmes & plongée dans la tristesse. La tréve est sûre, & la paix prochaine ; les concerts les plus gais vont succéder aux funébres accens des tambours & des trompettes : l'épée ne sera plus qu'un ornement pour nous : en un mot, il n'est plus question de périls, d'hostilités, ni de carnage. Oui, ma chere Maîtresse, ouvrez votre cœur à la douce espérance d'embrasser dans peu votre pere ; &, si vous avez quelqu'amour pour moi, réjouissez-vous de me voir sain & sauf, de voir que je ne suis plus obligé de combattre, que je ne suis plus votre ennemi, mais votre serviteur ; & si vous me permettez de le dire, votre fidéle, votre sincère amant. (*Toujours d'un air gai.*)

FLORIDE.

FLORIDE.

Je ne m'attendois pas à cet excès de joie, j'en demeure interdite & muette.

FAUSTINO

Eh quoi ? C'eſt ainſi que vous répondez à la ſatisfaction que je goûte ? Le bonheur qui vous eſt promis n'eſt pas capable de diſſiper le trouble qui vous agite.

FLORIDE.

Pardonnez, Monſieur, mais je ne vous comprends pas.

FAUSTINO.

Et qui vous empêche de me comprendre ?

FLORIDE.

Quoi ! n'êtes-vous pas ce Fauſtino que j'ai vû partir il y a peu de tems avec tant de joie & de contentement pour aller eſcalader la place & ſe battre avec mon pere ?

FAUSTINO.

Pardonnez-moi, c'eſt moi-même.

FLORIDE.

Et comment pouvez-vous donc montrer à préſent autant de gaieté & de contentement dans un événement tout oppoſé ? Comment pouvez-vous vous réjouir de la paix, ayant autant d'ardeur que vous en aviez pour le combat, & comment pouvez-vous vous féli-

D

citer d'être l'ami de ceux dont vous souhaitiez il y a si peu de tems la perte?

FAUSTINO.

Si j'étois plus Philosophe que Soldat, je pourrois vous apprendre commment une même personne peut éprouver successivement des sentimens de joie différens par deux raisons contraires. Mais comme il y a des principes de Philosophie naturelle qui sont communs à tous les hommes ; ils me suffisent pour vous dire, que nous concevons l'idée du plaisir ou du chagrin, suivant la disposition d'esprit où nous nous trouvons ; & cette disposition est l'effet, tantôt de la passion, tantôt du devoir, & tantôt de la nécessité. Or, voici ce qui arrive de-là ; guidés par la passion, nous desirons d'abord une chose ; faisant ensuite réflexion à notre devoir, nous en désirons un autre, & enfin nous nous trouvons déterminés par la nécessité. Chacune de ces trois causes suffit pour occuper l'homme tout entier, & il vaut mieux se fixer à un seul objet, que d'avoir à souffrir le combat intérieur des passions indécises. Il vous est facile à présent de comprendre pourquoi j'ai rempli avec joie mon devoir, & d'où vient actuellement la satisfaction que j'éprouve en voyant le terme heureux promis à la tendresse qui m'enchaîne à vous pour toujours. Excusez donc la joie que

j'ai marquée en courant à la gloire, & prenez
part à celle qui me ramene à vos pieds.

FLORIDE.

Oui, mon cher Fauſtino, je vous rends
toute la juſtice qui vous eſt due. J'admire votre façon de penſer ; j'applaudis à votre valeur,
& je fais gloire de vous avoir pour Amant.
Pardon, ſi j'ai eu la foibleſſe de douter de la
ſincérité de votre attachement ; n'attribuez
mon erreur qu'à mon peu d'eſprit & à mon peu
d'expérience.

FAUSTINO.

Ah ! Mademoiſelle ; un doute ſi raiſonna-
ble juſtifie l'intérêt que vous voulez bien prendre à moi ; loin de m'en plaindre, je vous
rends grace d'une faveur ſi marquée.

FLORIDE.

Mais peut-on ſe flàter que la guerre ſoit
terminée.

FAUSTINO.

Oui, il y a tout lieu de croire que la paix
n'eſt pas éloignée.

FLORIDE.

Ah ! que j'aſpire au moment où je pourrai
me jetter aux pieds de mon pere & lui demander la permiſſion de vous aimer. Puiſſai-je
ne plus voir reculer cet heureux moment !

D ij

FAUSTINO.

Mais s'il vous refufoit, céfferiez-vous pour cela de m'aimer ?

FLORIDE.

Je fçai combien je lui fuis chere, & je fonde mon efpoir fur fes bontés pour moi.

FAUSTINO.

Mais s'il avoit de l'averfion pour des gens d'un parti oppofé au fien ; fi ce motif le portoit à vous refufer , que feriez-vous alors ?

FLORIDE.

J'en mourrois de douleur ; mais je prendrois exemple fur vous. Je préférerois mon devoir à l'amour , & je m'efforcerois d'obéir à mon pere avec autant de fermeté que vous en avez montré quand vous êtes parti pour l'aller combattre.

FAUSTINO.

Ah ! Floride, de pareils fentimens vous rendent plus chere que jamais à mon cœur. L'amour vertueux eft la vraie confolation des ames délicates ; une paffion dont on peut rougir feroit indigne d'elles.

FLORIDE.

Soyez fûr que je ne défire rien avec plus

d'ardeur que de trouver mon pere favorable à mes vœux.

FAUSTINO.

La vivacité de mes défirs ne le céde point aux vôtres, & je vais faire pour mon bonheur les vœux les plus ardens.

FLORIDE.

Je fouhaite plus que jamais à préfent de revoir mon pere.

FAUSTINO.

Et moi, je foupire plus que jamais après la paix.

SCENE VIII.

FAUSTINO, FLORIDE, MARIANNE.

MARIANNE.

PEUT-ON entrer ?

FLORIDE.

Oui, Madame ; oui, venez, venez prendre part à ma joie. La tréve me fait jouir de la préfence de mon cher Fauftino, & la paix me fera bien-tôt jouir d'une félicité complette.

MARIANNE.

Hélas ! ma chere amie , je suis bien fâché
de venir la premiere troubler votre satisfaction
& votre tranquillité.

FLORIDE.

Ah ! Ciel ! que venez-vous m'apprendre ?

MARIANNE.

Voici une lettre où mon mari m'instruit des
difficultés qu'il trouve à se rendre. Il me mar-
que qu'il ne sçauroit s'y déterminer aux
dures conditions qu'on voudroit lui imposer,
& qu'il se croit obligé de défendre la place jusqu'aux dernieres extrémités.

FLORIDE.

Ah ! de quel coup funeste vous frappez
mon cœur ! . . . . Que dites-vous à cela,
Faustino ?

FAUSTINO.

Je ne sçai que dire, Madame ; mais mon devoir me soumet à l'événement.

MARIANNE.

Faustino est trop brave Officier pour que
sa passion le dispense d'en remplir les engage-
mens.

FLORIDE.

Mais vous, Madame, vous qui aimez si

tendrement votre illuftre Époux, en le voyant expofé de nouveau aux dangers d'une guerre qui devient de jour en jour plus funefte & plus terrible, comment pouvez-vous montrer tant d'indifférence, & tant d'intrépidité ?

MARIANNE.

C'eft, Madame, que j'aime l'honneur de mon mari. Mais quand j'aurois la foibleffe d'avoir d'autres fentimens, il ne faudroit que fa lettre pour me rendre le courage, & me remettre à la raifon. Toutes fes expreffions m'excitent à fouffrir avec conftance & avec fermeté, & je veux me rendre digne de lui. Ses jours me font chers fans doute, mais fa gloire me l'eft encore d'avantage. Permettez donc que je vous laiffe & que j'aille m'informer de ce qui fe paffe à l'armée. Vous, Mademoifelle, remettez au Ciel les intérêts de votre cœur, & moi je vais lui adreffer mes vœux pour la défenfe de mon mari, & l'honneur de nos armes.

SCENE IX.

FLORIDE, FAUSTINO.

FLORIDE.

AH! Fauſtino, m'allez-vous encore aban-
donner? allez-vous encore retourner à la
guerre, & vous expoſer de nouveau au ha-
ſard de combattre contre mon pere?

FAUSTINO.

Encore une fois, Mademoiſelle, je ne ſçai
que dire. Mais vous connoiſſez mon cœur, &
mes ſentimens, vous avez vous même approuvé
ma conduite au point que vous avez daigné
l'honorer du nom de vertu. Plût au Ciel
que je ne me trouve pas forcé de ſacrifier ma
paſſion à mon honneur!

FLORIDE.

Me voilà donc encore retombée dans une
chaîne de malheurs & de fatalités.

FAUSTINO.

De grace! ne vous affligez point tant, &
n'affoibliſſez point ma conſtance?

FLORIDE *regardant dans les couliſſes.*

Que vois-je encore venir?

FAUSTINO.

C'eſt le Commiſſaire.

FLORIDE.

Quelle nouvelle vient-il m'apporter ? Je tremble à la vue de tous ceux qui m'approchent.

SCENE X.

POLIDORE, *& les Acteurs précédens.*

POLIDORE.

Monsieur l'Enſeigne, on vous attend au quartier général.

FLORIDE.

Il eſt donc décidé qu'il faut continuer l'attaque de la Place ?

POLIDORE.

Non, pas encore.

FLORIDE, *à part.*

Je reſpire.

POLIDORE.

Mais cela va ſe décider.

FLORIDE.

Quelle raiſon avez-vous de le croire ?

POLIDORE.

La Place a arboré le drapeau blanc ; mais le Commandant qui la défend exige trop de choſes.

D v

FLORIDE.

Eh bien, quel parti a-t-on pris ?

POLIDORE.

Aucun encor, comme je viens de vous dire ; mais on attend actuellement un Officier de la Place qui doit venir au camp s'expliquer avec notre Général.

FLORIDE.

Cela étant, on peut encor se flatter d'avoir la paix.

POLIDORE.

Bon, la paix, la paix ; la guerre bien plûtôt, la guerre. Je voudrois seulement vivre autant que celle-ci durera.

FLORIDE.

Voilà comme pensent les ames atroces & vénales comme la votre.

POLIDORE.

Voilà comme parle ceux qui font amoureux comme vous.

FAUSTINO.

Monsieur le Commissaire, prenez garde s'il vous plait, à ce que vous direz.

POLIDORE.

Monsieur, avec votre permission, on vous attend, & . . .

FAUSTINO.

J'entends. Adieu, ma chere Floride.

FLORIDE.

Ah ! ciel ! reftez encore un moment.

FAUSTINO.

Ce n'eft qu'avec douleur que je vous quitte.

POLIDORE.

Monfieur l'Enfeigne.

FAUSTINO, *avec hauteur.*

Que voulez-vous ?

POLIDORE.

Pardon ; il eft vrai que Mars & Vénus ont été amis, mais fouvenez-vous que Mars s'eft trouvé pris dans des filets, & qu'on s'eft bien moqué de lui.

FAUSTINO.

Que fignifie ce difcours ? Apprenez à mieux parler & à mieux penfer d'un Gentilhomme, & d'un Officier tel que moi. J'aime une Demoi-felle qui mérite d'être aimée ; mon amour eft trop vertueux, pour que l'on puiffe m'en blamer. On fçait dans l'armée qui je fuis. Ma valeur y eft connue, j'en ai donné des preu-ves, & je ne crains point de reproches fur un attachement auffi pur que le mien. Vous êtes bien hardi de parler de la forte ; fi je ne refpectois le tems & le lieu ou nous fom-mes, je fçaurois bien vous en punir. Je ne fuis venu à la guerre que pour acquerir de la gloire ; pour vous l'intérêt eft le feul motif qui vous y a conduit. Je ne perds jamais mon devoir de vue, j'y ſuis toujours rappelé par ma naiſſance, mon caractere & mes princi-pes ; les vôtres, au contraire, vous les font oublier. Allez, ſi je ſuſpends le châtiment que mérite votre inſolence, croyez que c'eſt par pure conſidération pour moi-même & pour mon honneur. S'il vous arrive d'avantage de vous mêler de ce qui me regarde, comptez que je perdrai patience, & que je ſçaurai vous en faire repentir amerement.

POLIDORE.

Fort bien.

FAUSTINO.

Floride, ſouffrez que je vous quitte: Je veux m'éclaircir par moi-même de la vérité d'un bruit dont j'ai tout lieu de croire l'au-teur ſuſpect ; ne vous laiſſez point aller à la douleur ; eſperez, repoſez-vous ſur la clé-mence du ciel, & comptez toujours ſur mon amour.　　　　　　　　*[Il ſort.]*

FLORIDE.

Eſpérances trompeuſes ! funeſte amour ! revers douloureux ! je ſuis née ſous une mal-heureuſe étoile : mes maux ne finiront qu'a-vec ma vie ; ſi je goûte un moment de ſatis-faction, je le rachette auſſi-tôt par les plus vives amertumes. Vie cruelle ! deſtin impi-toyable ! mon ſort ne changera-t-il jamais !

　　　　　　(Elle ſort en pleurant.)

POLIDORE *reste seul.*

Fort bien. Elle voudroit la paix, & moi je souhaite que la guerre continue. Ainsi va le monde, l'un desire une chose & l'autre une autre. Par exemple, le laboureur qui veut ensemencer, souhaitte de la pluie pour humecter la terre ; celui qui veut battre son grain, demande un tems sec & du soleil. Le marin qui fait voile pour le Levant, fait des vœux pour le vent de *tramontane*, & celui qui fait route au Couchant, pour le *Sud*. Les Comédiens voudroient voir tout le monde aller à la Comédie ; les joueurs de profession, aux Académies de jeux, & les joueurs d'instrumens au bal. Enfin c'est avec raison qu'un Auteur a dit :

Autant d'hommes, autant de goûts ;

L'un est pour le roti, l'autre pour les ragouts.

(Il sort.)

SCENE XI.

Le Théâtre repréſente le Champ de bataille d'où l'on voit le Fort aſſiegé ſur lequel on a arboré le drapeau blanc , & l'ouverture de la bréche.

Le champ de bataille eſt entierement rempli de monde , & embaraſſé. On y voit un veau écorché & ouvert, ſuſpendu à des morceaux de bois ; une charette chargée d'un tonneau de vin ; Un ou deux Anes portant du fruit, des herbes, &c. Une table où des Soldats mangent & boivent ; d'autres Soldats , des Payſans & des femmes qui danſent ; des Soldats qui vendent & achetent , d'autres qui tirent du vin au tonneau, &c.

CIRILLE , UN AIDE DE CAMP,
avec un Trompette & des Soldats.

(Le Trompette ſonne , & tous s'arrêtent pour écouter.)

L'AIDE DE CAMP.

IL eſt ordonné par ſon Excellence M. le Général, de vuider à l'inſtant le champ de bataille , afin qu'on puiſſe y dreſſer les tentes.

CIRILLE.

Allons, allons, vîte , qu'on débaraſſe le

champ de bataille. Quelle raifon a donc notre
Général, pour faire dreffer ici les tentes ?

L'AIDE DE CAMP.

Il doit s'aboucher avec l'Officier deputé
par le Commandant du Fort affiegé , pour
traiter de la capitulation de la Place , & il veut
le recevoir ici à la vue de toute l'armée.
(*A fes foldats.*) Eh bien , à quoi s'amufe-t-on
donc ? Eft-ce qu'on n'obéit pas ? Faites-
donc vuider la place. (*Il s'en va avec Cirille.*)

*Les Tambours battent , les Soldats de l'Aide
de Camp s'avancent pour faire exécuter les ordres. Chacun emporte de fon côté tout ce qu'il
peut avec beaucoup de défordre & de confufion.
La table eft renverfée , les Anes culbutés , les
Payfans crient , les Soldats donnent des coups
de bâtons. Le champ de bataille étant libre , d'autres Soldats viennent au fon des tambours dreffer la tente du Général , & placent à l'entrée
deux fieges.*

SCENE XII.

SIGISMOND, LE COMTE CLAUDIO, FAUSTINO, FERDINAND, FABIO, SOLDATS.

*Ils arrivent au fon des tambours & des trom-
pettes. Sigifmond fe tient à l'entrée de fa tente ,
& les autres Officiers fe placent à l'entour à la
tête de leurs Compagnies.*

SCENE XIII.

*(EGIDIO descend du Fort au son du tambour,
il est suivi de quelques Officiers qui restent
derriere. Egidio s'avance jusqu'à la tente du
Général, qui le reçoit, & le fait asseoir.)*

SIGISMOND.

Monsieur, avant que d'entrer en matiere,
laissez-moi vous féliciter ainsi que votre
brave Commandant, sur la belle défense que
vous avez faite jusqu'à cette heure. Vous
nous avez arrêtez dix jours entiers devant une
Place qui auroit dû se rendre à l'approche de
nos troupes. Je n'aurois jamais pensé qu'en
voyant la tranchée ouverte, vous eussiez eu le
courage de vous défendre avec le peu d'artillerie que vous aviez dans le Fort, de nous
harceler & de nous rompre par des sorties, &
de soutenir le feu continuel de nos batteries.
J'ai traité d'abord votre résolution d'un excès de témérité qui méritoit qu'on ne prêtat
l'oreille à aucune proposition ; mais quand j'ai
vû par la suite que votre bravoure répon-
doit aux préparatifs que vous aviez fait d'a-
bord pour vous défendre, j'ai été le premier
à louer votre conduite, & je ne refuse point
de traiter avec vous de la capitulation. Faites
attention cependant à la qualité de la Place,

à l'état où vous vous trouvez réduits , & à l'ennemi que vous avez en tête ; ainsi que vos prétentions soient moderées , si vous voulez trouver en nous l'humanité à laquelle nous sommes portés , & la modération qui convient à une armée victorieuse , & à l'honneur de celui qui la commande.

EGIDIO.

Je suis très-sensible, Monsieur, à vos éloges ; mais permettez-moi de vous représenter que vous êtes mal informé de l'état de la Place que vous avez assiegée , & que vous devez en avoir une meilleure idée. Elle étoit si bien fortifiée , qu'on ne pouvoit se flatter de s'en rendre maître sans un siege en forme ; les magasins étoient assez fournis de vivres & de munitions pour que la garnison ne manquat de rien. Je ne vous parle point de la valeur de ses défenseurs ; vous en avez fait l'épreuve ; vous sçavez que ce sont ces mêmes guerriers qui vous ont disputé le terrein pied à pied , & qui quoi que forcez de ceder à la superiorité du nombre, ont sçu se retirer en bon ordre, & ont été contraints de chercher leur salut dans ces murs. Je vous en fait juge vous-même , illustre Général , quelle est aujourd'hui la forteresse qui puisse soutenir long-tems le feu d'une artillerie formidable , sans avoir un camp volant pour sa défense ? Aucun de nous n'a manqué à son devoir. Vous nous

avez éprouvés dans les sorties, vous nous avez
vûs soutenir vos efforts avec la plus grande
intrépidité, & prêts à sacrifier notre vie pour
notre défense commune. A la fin vous avez
eu le bonheur d'abbattre nos murailles ; &
l'ouverture de la bréche nous a réduits à l'extrémité où un Commandant, homme d'honneur, peut demander une suspension d'armes, & parler de se rendre.

SIGISMOND.

On vous a accordé l'armistice. On ne refuse
pas de capituler. Mais à quelles conditions
voulez-vous vous rendre ?

EGIDIO.

A des conditions honorables.

SIGISMOND.

Ces conditions varient selon les Places.

EGIDIO.

Vous devez à la nôtre les honneurs qu'on
accorde aux Places frontieres.

SIGISMOND.

Eh bien, Egidio, sçachons donc celles que
vous exigez ?

EGIDIO.

En voici le sommaire. (*Il montre un papier
qu'il lit.*) 1°. La garnison sortira en armes
avec six charges par soldat, enseignes dé-
ployées, tambour battant. 2°. On nous ac-
cordera quatre chariots couverts, avec la liberté d'emporter les équipages.

SIGISMOND.

Il est inutile d'aller plus loin. La Place est réduite à la derniere extrémité ; elle ne peut se flatter d'obtenir des conditions si avantageuses. Je devrois exiger que la garnison se rendît à discrétion ; cependant je veux bien par grace la laisser sortir, mais sans armes & sans drapeaux ; pour les chariots de guerre, qu'il n'en soit plus question.

EGIDIO.

Nous n'avons pas l'ame assez basse pour nous rendre d'une maniere si honteuse ; ou accordez-nous les honneurs qui nous sont dûs, ou nous nous défendrons jusqu'à la derniere goutte de notre sang.

SIGISMOND.

L'armée est déjà toute prête à donner l'assaut, & nous brûlons tous de signaler notre courage.

EGIDIO.

Nous ne manquons pas aussi ni de valeur ni d'intrépidité.

SIGISMOND.

Mesurons donc nos forces, & puisque vous vous obstinez à vous défendre, attendez-vous à être traités sans quartier.

EGIDIO.

Monsieur, vous & moi nous faisons notre devoir. Mais comme la politesse doit toujours avoir lieu malgré la différence de parti, j'ose vous demander une grace pour moi.

*

SIGISMOND.

Vous n'avez qu'à parler. Je fuis ennemi de votre parti, mais non le vôtre.

EGIDIO.

Me voilà fur le point de rentrer dans la Place affiégée. Dès que j'y ferai, recommencez les hoftilités ; que chacun de nous ufe de fon droit, & emploie la force des armes. Mais avant que je m'y renferme, je vous prie de m'accorder la permiffion de voir ma fille un inftant.

SIGISMOND.

Je vous l'accorde avec autant de plaifir que j'ai montré de réfolution à refufer les articles que vous m'avez propofés. Vous êtes le maître de l'aller voir fur votre parole.

EGIDIO.

Je vous rends grace de vos bontés. (*A fes Officiers.*) Meffieurs, retournez au Fort ; dites que je vais m'y rendre dans le moment ; & priez de ma part M. le Commandant de ne donner aucun ordre avant mon retour.

(Ils s'embraffent. Tout le monde fe retire au fon des trompettes. On voit enfuite paroître des Soldats, des Payfans & des femmes qui fe mettent à danfer au fon du tambour ; d'autres mangent, boivent, vendent, &c.)

Fin du fecond Acte.

ACTE III.

SCENE PREMIERE.

*Le Théâtre repréſente la chambre de la maiſon
du Commiſſaire.*

FLORIDE, *ſeule.*

UE de diſgraces & d'inquiétudes
n'ai-je pas ſouffertes depuis que je
me connois ! je n'ai jamais ſenti
d'impatience pareille à celle que
j'éprouve actuellement. Mon pere
eſt dans le camp, ſans qu'il me ſoit permis de
voir. On traite ſans doute de la reddition
de la Place, ou d'en venir aux dernieres extrémités, & perſonne ne vient me donner
avis de ce qui ſe paſſe, & de ce que l'on peut
eſperer. Un inſtant peut décider de mon ſort,
cet inſtant m'eſt inconnu, & je ſuis déchirée
de mille craintes. Si les hoſtilitez recommen-
cent, mon pere eſt en danger, & les jours

de Fauſtino ne ſont point en ſureté. Si d'un autre côté la Place ſe rend, qui m'aſſurera que mon pére conſentira à mon mariage ? Qui m'aſſurera que mon jeune amant, malgré tout ſon amour pour moi, ſe déterminera à quitter le ſervice, & qu'il préférera ma main à l'idole de la gloire ? Dans le trouble où eſt mon eſprit, je ne ſçais lequel j'aime le mieux ou de reſter dans une eſpérance incertaine, ou de m'en voir cruellement détrompée. Ces deux partis ſont également douloureux pour moi, & je ne pourrois en préférer un ſans trembler. Il n'y auroit que l'heureuſe nouvelle de la paix, le conſentement de mon pere, & la complaiſance de mon époux qui puſſent me conſoler. Mais hélas ! c'eſt ſe repaitre de chimeres ; ces eſpérances ſont trop éloignées, & mon ame eſt ſi pénétrée de chagrin, que je crains de ſuccomber à mon déſeſpoir avant d'être éclaircie de mon ſort.

(Elle s'aſſied d'un air abbatue.)

SCENE II.

FAUSTINO, FLORIDE.

FAUSTINO, *à part.*

LA voilà plongée dans ſa triſteſſe ordinaire, toujours dans les larmes. Hélas ! elle m'a fait perdre cette gaité naturelle &

cette indifférence qui me soutenoient contre tout évenement.

FRORIDE.

Si quelqu'un venoit du moins m'informer... *(Se levant.)* Hola, quelqu'un.

(Elle apperçoit Faustino, & paroît toujours abbatue.)

FAUSTINO.

Mademoiselle, si vous avez besoin de quelqu'un pour exécuter vos ordres ; me voilà prêt.

FLORIDE.

Quoi ! c'est vous ? Vous êtes ici sans me le dire, sans me parler ? Quelle nouvelle m'apportez-vous ? quelle a été l'issue de la conférence ? ... Mais non, ne me dites rien, je comprends toute l'étendue de mon infortune. Le Commandant du Fort veut la guerre, le Général ennemi est charmé qu'il ait pris ce parti ; & vous-même peut-être qui affectés ici un air triste, vous vous applaudissez en secret de ce que le carnage va recommencer, & vous vous préparez avec joie au combat. Ne vous contraignés pas, que votre vertu triomphe. Faites un libre usage de cette philosophie barbare qui vous fait envisager avec autant de satisfaction la perte du pere que l'amour de la fille ; si ma douleur vous importune, éloignez-vous d'un objet infortuné.

Suivez les sentimens que la gloire vous ins-
pire ; mais épargnez-moi du moins le désa-
grément de vous entendre vanter votre courage inhumain.

FAUSTINO.

Calmez ce courroux, chere Floride ; n'in-
sultez point un homme qui ne le mérite pas.
Vos pleurs & vos reproches n'ont que trop
abbatu ma constance , je ne me reconnois
plus moi-même. Je sçais que je vous aime,
mais je sçais aussi qu'un lâche seroit indigne
de votre amour. Mon malheur est d'avoir à
combattre un ennemi qui vous est cher, &
de ne pouvoir montrer ma valeur sans vous
paroître cruel. Eh bien, belle Floride, ordonnez vous-même de mon sort. Voulez-
vous que je quitte l'épée, que je la remette
aux pieds de mon Général, que je signe moi-
même mon deshonneur, ma lâcheté ; que je
m'expose aux murmures de toute l'armée, &
que j'essuie toute sorte de reproches & de plai-
santeries sanglantes, sans pouvoir répondre à
ceux qui m'insulteront ? Réfléchissez mieux à
ce qu'exige mon état ; songez à ce caractère
d'homme d'honneur qui me distingue ; pardonnez aux facheuses conjonctures dans les-
quelles je me trouve , & si le parti que je suis
forcé de suivre me rend indigne de prétendre
à votre amour , songez que mes sentimens
méritent du moins de la pitié & de l'indulgence.

gence. Oui, ma chere, j'attends cette grace de vous, & je vous la demande à genoux avec autant de confiance que de tendresse.

FLORIDE.

Ah ! ciel ! levez-vous !

FAUSTINO.

Je ne me releverai point que vous ne m'ayez pardonné.

FLORIDE.

Levez-vous, de grace.

SCENE III.

EGIDIO, & *les Acteurs précédens.*

EGIDIO, *à Faustino.*

Monsieur, que faites-vous aux pieds de ma fille ?

(Faustino se releve tout confus.)

FLORIDE, *à Egidio.*

Ah ! mon cher pere.

EGIDIO, *à Floride.*

Paix. Je prétends que cet Officier que je reconnois pour un de nos ennemis, m'apprenne avant tout pourquoi il se jette à vos pieds.

FAUSTINO.

Monsieur, c'étoit pour lui dire le dernier adieu.

E

EGIDIO.

Où allez-vous donc?

FAUSTINO.

Donner l'assaut à votre Fort. Combattre vos troupes, & vous-même, si le sort veut que je vous rencontre.

EGIDIO.

Quel rang tenez-vous dans l'armée?

FAUSTINO.

Je suis Enseigne.

EGIDIO.

Et que prétendez-vous de ma fille?

FAUSTINO.

Son cœur & sa main. Je lui ai demandé le premier, l'Amour me l'a fait obtenir. J'ai espéré de votre bonté que vous m'accorderiez l'autre.

FLORIDE.

Ah! mon pere....

EGIDIO.

Paix. Ce n'est pas à vous que je parle. (A *Faustino.*) Etes-vous Gentilhomme?

FAUSTINO.

Oui, Monsieur, je le suis. Mon nom est bien connu dans l'armée?

EGIDIO.

Qui êtes-vous?

FAUSTINO.

Fauſtino Papiri, Duc d'Albe, Seigneur de Nochilio.

EGIDIO.

Je connois votre famille.

FLORIDE, *à Egidio.*

Si vous connoiſſiez ſes excellentes qualités...

EGIDIO, *à Floride.*

Paix. [*A Fauſtino.*] Quoi vous aimez la fille, & vous avez le courage de combattre contre le pere.

FAUSTINO.

Un Officier auſſi brave que vous, Monſieur, ſçait mieux que moi quel eſt le devoir d'un Militaire. Je n'écoute plus l'Amour quand il s'agit de la gloire.

EGIDIO.

C'eſt parler en brave homme. Je vois que vous êtes digne de mon eſtime & de mon alliance.

FLORIDE, *à part.*

Ah ! ciel ! ſeconde les favorables diſpoſitions de mon pere.

FAUSTINO, *à Egidio.*

Monſieur, puiſque vous avez tant de bonté pour moi, promettez-moi que je ſerai votre gendre. **EGIDIO.**

Oui, je promets que vous le ſerez.

FLORIDE *à ſon pere, d'un air d'impatience.*

Mais... Quand ?..

E ij

E G I D I O , à Floride.

Paix. (*A Fauſtino.*) La ſituation où nous nous trouvons, ne me permet pas, Monſieur, de m'étendre d'avantage ſur ce point. Faites votre devoir, eſcaladez nos murs ; je ſerai moi-même témoin de votre valeur. Si le ſort veut que vous ſuccombiez, vous ſçavez que la mort rompt tout engagement ; ſi je ſuis tué, & que vous me ſurviviez, faites valoir la parole que je vous ai donnée, pour épouſer ma fille ; ſi nous ſommes tous les deux vivans, vous la recevrez de mes mains dès que la guerre ſera terminée. Ce que je vous dis la, doit ſuffire à un Officier que j'ai accepté pour mon gendre ; actuellement nous redevenons ennemis.

F L O R I D E.

Ah ! Dieux ! quelles nôces funeſtes !

E G I D I O.

La peine que vous reſſentez eſt le juſte prix de votre imprudence. Quoique je conſente à votre mariage, je n'en déſaprouve pas moins votre conduite. Une fille de condition, une fille d'Egidio, priſonniere de nos Ennemis, ne devoit point ouvrir ſon cœur à l'amour, tandis que ſon pere combattoit. Le bonheur que vous avez eû de trouver dans Monſieur un homme de condition, & un brave Officier, ne peut ni vous excuſer, ni vous être méritoire ; vous pouviez auſſi - bien vous laiſſer ſéduire par un homme indigne de vous & de moi, que ceder comme vous faites, à une paſſion dont l'objet eſt, je l'avoue, digne de notre alliance.

FLORIDE.

Ah ! mon pere, excuſez ma foibleſſe. L'oc=
caſion...

EGIDIO.

Ce ne ſont point des excuſes que je de=
mande, c'eſt de l'obéiſſance.

FLORIDE.

Eh bien, ordonnez.

EGIDIO.

Suivez-moi.

FLORIDE.

Où ?

EGIDIO.

Au Fort.

FLORIDE.

Quoi ! parmi le tumulte des armes ?

EGIDIO.

Oui.

FLORIDE.

Voulez-vous m'expoſer aux dangers de la guerre ?

EGIDIO.

Votre pere & votre époux en courront de plus grands. Suivez-moi.

E iij

FAUSTINO.

Monſieur, ayez égard, je vous conjure, à ſon âge, à ſon ſexe.

EGIDIO.

Son âge & ſon ſexe demandent une garde ſure. En prenant ce parti, je pourvois à mon honneur & à votre repos. Si vous penſez en gentilhomme tel que vous êtes, vous ne vous plaindrez point des juſtes & ſages précautions que je prends. (*A Floride.*) Et vous, ſuivez-moi ſans délai.

FAUSTINO.

Mais vous permettra-t-on, Monſieur, d'emmener votre fille au Fort?

EGIDIO.

Que cela ne vous inquiette pas; j'en ai envoyé demander la permiſſion au Général.

FAUSTINO.

Je n'ai rien à répondre, vous êtes le maître de diſpoſer de Mademoiſelle.

FLORIDE, *à Fauſtino.*

Vous m'abandonnez donc à mon cruel deſtin?

FAUSTINO.

Mademoiſelle, il faut obéir à Monſieur votre Pere.

EGIDIO, *à Floride.*

Ne me forcez pas d'en venir à la violence.

FLORIDE.

Ah ! mon pere, ne le craignez pas, je suis prête à vous obéir.

EGIDIO *embrasse Fauſtino,*
& s'en va.

Adieu, mon cher ami.

FLORIDE.

Ah ! Fauſtino.

FAUSTINO.

Ah ! belle Floride.

FLORIDE.

Le cœur me dit que nous ne nous reverrons plus.

FAUSTINO.

Il faut eſpérer, ma chere...

FLORIDE, *du côté de la Scene où*
Egidio a paſſé pour ſortir.

Je vous ſuis, Monſieur, je vous ſuis. (*A Fauſtino.*) Adieu.

SCENE IV.

FAUSTINO, *enſuite* **ASPASIE.**

FAUSTINO, *ſeul.*

COMMENT peut-on réſiſter à tant de tra-verſes ? Oh ! ciel ! comment monter à l'aſſaut, le cœur me bat, je me ſens le pied chancelant & la main tremblante ?

ASPASIE.
Monſieur l'Enſeigne...

FAUSTINO.
Laiſſez-moi tranquille, je vous prie.

ASPASIE.
Dites-moi où eſt Floride ?

FAUSTINO.
Elle vient de partir avec ſon pere.

ASPASIE.
Avec ſon pere ?

FAUSTINO.
Oui, eſt-ce que vous ne l'avez pas vû ?

ASPASIE.
Et où l'aurois-je vu ?

FAUSTINO.
Ici, dans cette chambre.

ASPASIE.
Parlez donc, Monſieur, eſt-ce que l'amour
vous a fait tourner la tête ?

FAUSTINO.
Mais vous, où avez-vous donc été juſqu'à
cette heure ?

ASPASIE.
Moi, je viens de chez une Marchande, une
certaine Urſule, acheter des rubans.

FAUSTINO.
Vous ignorez donc ce qui eſt arrivé ?

ASPASIE.
Vraiment oui, je ne ſçais rien : apprenez-
moi ce que c'eſt.

FAUSTINO.

Le pere de Floride est venu ici, sans que je sçache comment.

ASPASIE, *d'un ton ironique.*

Oh ! oh.

FAUSTINO.

Il a découvert nos amours.

ASPASIE, *du même ton.*

Ah ! que me dites-vous là !

FAUSTINO.

Et il a emmené sa fille avec lui.

ASPASIE, *toujours d'un ton ironique.*

Ah ! quel revers ! quel malheur ! en vérité voilà un grand accident !

FAUSTINO.

Mademoiselle, vous moquez-vous de moi ?

ASPASIE.

Non, Monsieur, je ne me moque point, mais en conscience il ne m'est pas possible d'en pleurer.

FAUSTINO.

Je le crois, vous avez le cœur accoutumé aux évenemens les plus cruels.

ASPASIE.

Vous avez raison ; je crois avoir l'ame plus guerriere que vous.

E v

SCENE V.

LE COMTE, & *les Acteurs précédens.*

LE COMTE, *d'un air railleur.*

MON pauvre Fauſtino, en vérité j'en ſuis pénétré.

ASPASIE, *au Comte.*
Quoi ! vous le ſçavez donc auſſi ?

LE COMTE.
Oui, je viens de voir paſſer Floride avec ſon pere, elle étoit ſi triſte, ſi affligée, elle verſoit tant de larmes qu'elle faiſoit pitié.

FAUSTINO.
Ah ! Comte, quel cruel plaiſir prenez-vous à envenimer ma bleſſure ?

LE COMTE.
Comment diable ! c'eſt donc tout de bon que vous brulez ?

ASPASIE.
Oh ! je vous le garantis, brulé, grillé, roti.

LE COMTE
Et de quoi vous aviſez-vous de devenir amoureux à un tel excès.

FAUSTINO *au Comte, en ſe promenant.*
Laiſſez-moi tranquille, je vous prie.

ASPASIE.

Monfieur l'Enfeigne voudroit combattre fous un autre Etendart.

FAUSTINO *à Afpafie, en fe promenant.*

Faites-moi la grace de n'en pas dire da-vantage.

LE COMTE.

Allons, allons ; la fumée du canon diffipera les fumées de l'amour.

FAUSTINO, *comme ci-deffus.*

Quand il en fera tems, je ferai mon devoir.

ASPASIE.

S'il va au combat, il aura peur de faire mal à fa Belle.

FAUSTINO, *d'un air de depit,*
à Afpafie.

Eh ! ceffez de me tourmenter.

LE COMTE.

Mais fi vous n'y prenez garde, vous ap-préterez à rire à toute la brigade.

FAUSTINO, *fe promenant.*

Je n'y puis plus tenir.

ASPASIE.

Je parie qu'on en fera des pafquinades.

FAUSTINO, *d'un ton de colere,* *à Afpafie.*

Je perdrai patience.

ASPASIE.

Et vîte, fauvons-nous.

E vj

SCENE VI.

CIRILLE, & les *Acteurs précédens.*

CIRILLE.

ALLONS, camarades, courage. Les pionniers font à l'ouvrage ; les batteries font dreffées, les échelles toutes prêtes, l'armée fe raffemble, & dans un inftant on va donner l'affaut.

ASPASIE.

Paix, paix, Cirille ; vous allez faire mourir ce joli petit Officier.   (*En montrant Fauftino.*)

CIRILLE, à *Fauftino.*

Et vraiment oui, je viens de la voir...

FAUSTINO.

Vous ne devez point vous mêler de mes affaires ; vous vous en êtes déjà avifé plus d'une fois, mais je fçaurai trouver le moment d'en avoir raifon.

CIRILLE.

Soit, quand il vous plaira. Au piftolet, je ne fuis pas homme à avoir peur. Un & un font deux. Je n'ai point oublié que je vous en dois auffi, Monfieur le Comte.

LE COMTE.

De tout mon cœur, quand vous voudrez.

Mais pour le moment, je veux que nous
foyons amis, & que nous travaillions de con-
cert à conforter ce pauvre amoureux.

FAUSTINO.

Ne me pouffez point à bout.

CIRILLE.

Que diable voulez-vous que toute l'armée
dife de vous ? Ah ! vous êtes amoureux ? Bon
voyage. Et morbleu, eft-ce qu'il n'y a pas
d'autres femmes dans le monde ? Nous autres
militaires nous en trouvons par tout.

> C'eft un abus pour un guerrier,
> De fe piquer d'être fidele ;
> Tout comme il change de quartier,
> Il doit auffi changer de Belles.
> On eft fûr par tout où l'on va,
> D'en trouver plus qu'on n'en voudra, lara,
> Lara, lara, lara, lanla.

(Il chante & fautille.)

FAUSTINO, à Cirille.

Vous ne dites que des impertinences.

(Le tambour bat.)

LE COMTE.

A l'affaut, à l'affaut.

(Il fort en courant.)

FAUSTINO, de même.

A la mort, à la mort.

CIRILLE fort en fautillant.

A la guerre, à la guerre.

SCENE VII.

ASPASIE, POLIDORE.

ASPASIE.

BON voyage, bon voyage.

POLIDORE.

Qu'eſt-ce qu'il y a donc ?

ASPASIE.

A ce que je puis comprendre, la ſuſpenſion d'armes vient de finir. La Place ne veut point ſe rendre, on ſera obligé de la prendre d'aſſaut.

POLIDORE, *d'un air joyeux.*

Eh, la guerre n'eſt pas prête à finir.

ASPASIE.

Pour moi, cette campagne finie, je voudrois qu'on prit des quartiers d'hiver.

POLIDORE.

Des quartiers d'hiver ? Des quartiers d'hiver ? Je crois que vous êtes folle. Il faut que l'on combatte contre la neige, contre les glaces ; il faut que l'on voie les ſoldats gelés, & les ſentinelles devenir criſtal. Les Officiers alors ſe fourniront de bonnes peliſſes ; & j'en ai fait une ſi grande proviſion, que j'eſpere y gagner plus de mille louis.

ASPASIE.

Tout cela eſt bel & bon ; mais je commence à me laſſer de la vie que je mene.

POLIDORE.

Et que voudriez-vous donc ?

ASPASIE.

Ce que je voudrois ! Me marier.

POLIDORE.

Fort bien. Et avec qui ?

ASPASIE.

Avec un Officier.

POLIDORE.

Pour être veuve au bout de trois jours ?

ASPASIE.

Fort bien.

POLIDORE.

Ma fille , je ne vous conſeille pas de prendre un Officier.

ASPASIE.

Oh ! mon pere , je ſçais comme on s'y prend avec ces Meſſieurs là ; comptez que je ne me laiſſerai point maitriſer. Vous m'entendez.

POLIDORE.

Fort bien.

ASPASIE.

Tout le fort bien qu'il y a à cela , c'eſt que je veux me marier ; qu'il faut que vous ſongiez à la dot ; & que ſi par-aventure , par

hafard ou par accident, vous aviez la bonté de dire non ; j'ai des protecteurs dans
l'armée qui vous feront bien dire oui ; votre
fervante, mon pere. 　　　　*(Elle s'en va.)*

POLIDORE.

Votre ferviteur ; j'ai fait là une belle équi-
pée de l'amener à l'armée. Je mériterois qu'il
me fût arrivé pis : mais voilà ma chere Urfule.
C'eft-là ce qui s'appelle une femme de mérite,
une femme entendue, économe, intelligente ;
aufli je l'aime de tout mon cœur.

SCENE VIII.

URSULE, POLIDORE.

URSULE.

AH ! Monfieur le Commiffaire,

POLIDORE.

Qu'eft-ce qu'il y a ?

URSULE.

Je fuis ruinée !

POLIDORE.

Qu'eft-il donc arrivé ?

URSULE.

Aufli-tôt qu'on a publié la fufpenfion d'armes, j'ai ouvert deux banques de Pharaon, j'ai mis deſſus tout ce que j'avois, dans l'eſpérance de gagner gros : quatre Officiers ſont venus ponter, & en un clin d'œil ils ont débanqué les deux tables ; je ſuis reſtée ſans un ſol.

POLIDORE.

Et mon argent ?

URSULE.

Le Diable l'a emporté.

POLIDORE.

Puiſſe-t-il vous emporter auſſi ?

URSULE.

Que voulez-vous ? Il faut prendre patience. Si cela a mal été cette fois-ci, cela ira mieux une autre fois. Vous vous reſſouvenez de ce que vous m'avez promis ?

POLIDORE.

Oh, je vous ſignifie tout clair, tout net & ſans détour, que je n'en veux pas entendre parler d'avantage.

URSULE.

Oui : eh bien, je vous ſignifie moi, tout clair, tout net, & ſans détour, que ſi vous ne me tenez pas la promeſſe que vous m'avez faite, j'irai trouver le Général, que je lui découvrirai tous les monopoles que vous faites ; que je lui apprendrai que vous prêtez à uſure à vingt & trente pour cent ; que vous faites

mettre du feigle, de la vefce & des lupins dans
le pain de munition ; qu'au lieu d'envoyer faire
du bois dans les forêts, vous faites dévafter les
campagnes, abbattre les vignes & les arbres
pour épargner les voitures ; que vous proté-
gez les libertins qui font dans l'armée ; que
vous êtes intéreffé dans tous les tripots, les ta-
vernes & les gargottes : oui, Monfieur, ar-
rangez-vous là-deffus, & fi cela ne fuffit, je
vous garde encore une botte fecrette. Je
fuis votre très-humble fervante.

POLIDORE *feul.*

Le panégirique n'eft pas mauvais ; mais la
menace eft férieufe, & elle eft capable de le faire
comme elle le dit. D'ailleurs elle eft femme ;
elle eft dans le befoin ; je lui ai fait des
promeffes, des confidences : elle fçait toutes
mes affaires ; elle pourroit me perdre, il faut
fonger à l'appaifer.... Fort bien.

SCENE IX.

Le Théâtre repréſente un endroit écarté ou un petit bois.

FERDINAND, UN AIDE DE CAMP, UN CAPORAL, *avec quelques Soldats, & un Tambour.*

FERDINAND, *à l'Aide de camp.*

OUI, c'eſt une injuſtice que l'on me fait.

L'AIDE DE CAMP.

De quoi vous plaignez-vous ?

FERDINAND.

Pourquoi m'envoyer commander ce poſte, pendant que les autres vont à l'aſſaut ? N'ai-je pas aſſez de courage pour y aller comme les autres ? N'en ai-je pas donné aſſez de preuves ? Je ſuis plus ancien Officier que Fauſtino, pourquoi donc a-t-il l'avantage de ſe trouver à l'aſſaut, tandis qu'on m'envoie garder ce poſte avancé ?

L'AIDE DE CAMP.

Avec votre permiſſion, il me paroît plus honorable de commander un piquet, que d'aller en troupe eſcalader les murs d'un fort.

FERDINAND.

Non; le poste le plus honorable est celui
où il y a le plus de danger. Faustino ne devoit
pas passer devant moi.

L'AIDE DE CAMP.

Je sçais cependant le cas que fait de vous
notre Général, & je suis persuadé qu'en vous
chargeant de cette commission, il a compté
vous donner un poste honorable.

FERDINAND.

Je ne me plains point du Général.

L'AIDE DE CAMP.

De qui donc ?

FERDINAND.

De Faustino, qui aura manœuvré pour être
du nombre des assaillans afin de me passer sur
le corps.

L'AIDE DE CAMP.

Et moi je pense tout différemment. Le pere
de Floride l'a emmené avec lui dans le fort,
Faustino l'aime, croyez-vous qu'il aille de
bon cœur contre elle l'épée à la main ?

FERDINAND.

Ce que vous me dites là est-il bien vrai?

L'AIDE DE CAMP.

Très-vrai. (*On entend le bruit du cors d'un*
Postillon.)

FERDINAND.

D'où vient ce bruit ?

L'AIDE DE CAMP.

De ce côté-là. . . . .

FERDINAND.

C'est un homme à cheval.

L'AIDE DE CAMP.

Et qui court à bride abattue.

FERDINAND.

Caporal, allez reconnoître cet homme-là ?

(Le Caporal s'avance.)

SCENE X.

UN COURIER, *courant au galop*, &
les Acteurs précédens.

LE CAPORAL.

Qui va-là ?

LE COURIER.

Un Courier.

LE CAPORAL.

Où allez-vous ?

LE COURIER.

Au Camp.

LE CAPORAL.

Qui demandez-vous ?

LE COURIER.

J'apporte des dépêches à M. le Général.

LE CAPORAL, *à Ferdinand.*

Monſieur, vous l'avez entendu ?

FERDINAND.

Faites-le accompagner par deux Soldats ?

LE CAPORAL *à deux Soldats.*

Allons, vous autres, conduiſez-le au quartier Général ?

FERDINAND *au Courier.*

Quelles ſont les nouvelles que vous apportez ?

LE COURIER.

La paix.

FERDINAND.

La paix eſt faite ?

LE COURIER.

Oui, Monſieur.

FERDINAND, *au Caporal.*

Allons, vîte, faites monter deux Soldats à cheval, & qu'ils l'accompagnent au quartier à toute bride.

LE CAPORAL.

Dans l'inſtant. Reſtez vous autres, & vous, partez avec lui ?   (*Il part deux autres Soldats.*)

FERDINAND, *au Courier.*

Faites la plus grande diligence ?

LE COURIER.

Je suis déja tombé deux fois, la respiration
ne manque. *(Il part.)*

FERDINAND.

Retirons-nous dans le fortin pour y atten-
dre les ordres du Général. *(Il s'en va.)*

L'AIDE DE CAMP, *à part,
en sortant.*

L'envie regne par-tout, mais sur-tout à
l'armée.

SCENE XI.

*Le Théâtre représente un champ de bataille avec
une batterie de canons, on voit le Fort sans
drapeau blanc.*

*FAUSTINO, LE COMTE, FABIO,
des SOLDATS sur le point de donner l'assaut,
des SOLDATS sur les murs du Fort qui se
mettent en défense au son des tambours.*

*Le son des trompettes fait cesser celui des tam-
bours, & l'on entend crier dans le Camp :
la paix, la paix.*

*Les assaillans abandonnent le poste, se
retirent dans le Camp, où ils se re-
mettent en ordre, &c.*

SCENE XII.

SIGISMOND, FAUSTINO, LE COMTE, FABIO.

SIGISMOND.

MES amis, la paix eſt faite, voilà les lettres de Sa Majeſté : votre valeur mérite les plus grands éloges ; j'aurai ſoin d'en inſtruire le Roi, & vous pouvez compter ſur la récompenſe due à votre mérite & à votre courage.

FAUSTINO *à part.*

Le Ciel a exaucé mes vœux.

SIGISMOND.

Fabio, chargez-vous de faire enlever les bleſſés & enterrer les morts.

FABIO.

Vos ordres vont être exécutés.

SIGISMOND.

Pour vous, Fauſtino, je vous donne la glorieuſe commiſſion de porter au vaillant défenſeur du fort les articles de la paix.

(Il lui remet un papier.)

Que

FAUSTINO *à part.*

Que cet ordre est heureux pour moi ! Oh ! moment qui me comble de joie & de satisfaction ! (*Il court vers le Fort, fait le signal avec un mouchoir ; on baisse le pont sur la bréche, les trompettes du Château sonnent & il entre.*)

SCENE XIII.

CIRILLE, POLIDORE, LE COMTE, SIGISMOND.

CIRILLE *sautillant.*

LA paix, la paix ; vive la paix.

POLIDORE *au Comte.*

M. le Lieutenant, est-ce que la Paix est faite ?

LE COMTE.

Demandez-le à M. le Général.

POLIDORE *à Sigismond.*

Pardon, Excellence, est-il vrai que la paix soit faite ?

SIGISMOND.

Oui, elle est signée,

POLIDORE *d'un air un peu fâché.*

Fort bien.

F

SIGISMOND.

Voici les lettres qui nous en donnent la nouvelle ; mais il y en a une autre aussi dans le même paquet qui ne regarde que vous.

POLIDORE *d'un air interdit.*

Fort bien.

SIGISMOND.

La Cour m'ordonne de vous ôter votre place de Commissaire, & de la donner à un autre.

POLIDORE *avec chagrin.*

Fort bien.

SIGISMOND.

Il y a encore une petite clause.

POLIDORE *à part.*

Je suis perdu !

SIGISMOND.

C'est qu'il faut que vous rendiez compte de votre administration, & vous resterez aux arrêts jusqu'à ce que vos comptes soient apurés. (*Polidore demeure confondu & s'éloigne un peu.*)

CIRILLE.

Fort bien.

LE COMTE *à part.*

Oh ! pour le coup, on lui fera payer ses friponneries.

SCENE XIV.

URSULE, POLIDORE, SIGISMOND.

URSULE *bas à Polidore.*

Hé bien, M. le Commissaire, qu'avez-vous à me dire ? Persistez-vous dans ce que vous m'avez dit ?

POLIDORE *bas.*

Oui, je vous ai déjà envoyé au diable & je vous y envoie encore.

URSULE.

Oui, & moi je vais parler à M. le Général. (*à Sigismond.*) Monseigneur, sçachez que Polidore,......,

SIGISMOND.

Polidore est renvoyé ; & vous qui êtes aussi intéressée avec lui, vous partirez du camp en même tems.

URSULE.

Patience. Vous entendez, Polidore ? Je vais être réduite à reprendre le métier de blan-chisseuse.

POLIDORE.

Fort bien : & moi, celui de muletier.

URSULE.

Fort bien. (*Elle s'en va.*)

Fij

SCENE XV.

ASPASIE, SIGISMOND, POLIDORE, CIRILLE.

ASPASIE.

AH ! Monseigneur, je viens d'apprendre le malheur de mon pere. Je ne déciderai point s'il le mérite ou non ; tout ce que je sçais, c'est que je vais me trouver dans la misere sans sçavoir ce que je deviendrai.

SIGISMOND.

Je conçois votre état, & j'ai déjà songé à y pourvoir. Prenez un époux, & je ferai ensorte qu'on prenne votre dot sur les biens de votre pere.   POLIDORE.

Mais, M. le Général.

SIGISMOND.

Taisez-vous.

POLIDORE.

Fort bien. (*Il s'enva.*)

ASPASIE.

Monseigneur, je vous rends grace de vos bontés. Fasse le Ciel qu'il se présente bientôt un parti.

CIRILLE.

Si vous voulez me prendre, me voici.

ASPASIE.

Je suis votre servante, Monsieur ; un estro-
pié n'est pas mon fait.

SCENE XVI.

FERDINAND, SIGISMOND, LE CAPORAL.

FERDINAND à *Sigismond*.

Monsieur, je me rends aux ordres de votre Excellence.

SIGISMOND.

Ferdinand, j'ai appris que vous vous êtiez plaint de moi.

FERDINAND.

Monsieur, je vous prie de pardonner......

SIGISMOND.

J'excuse votre vivacité. Le poste que je vous avois confié étoit assez honorable pour vous contenter, mais le désir que vous aviez de vous signaler à l'assaut, vous l'a fait envisager différemment. Je pardonne cette imprudence à votre ardeur pour la gloire : mais à l'avenir ayez plus de respect pour les ordres de votre Général, & faites-vous un mérite de votre obéissance.

FERDINAND.

Monsieur, je reconnois ma faute, & je vous remercie de votre indulgence. Mais s'il m'étoit

permis, je prendrois la liberté de vous demander comment vous avez pû être inſtruit de mon
impatience.

SIGISMOND.

Il y a toujours des eſpions dans un camp
comptez que je n'en manque pas.

LE CAPORAL *à part.*

Parbleu, s'il n'y avoit pas un peu de caſuel,
comment pouroit-on mettre de côté avec la
paye d'un Caporal ?

*(On entend ſonner les trompettes duChâteau,
& l'on voit deſcendre, &c.)*

SCENE XVII.

EGIDIO, FLORIDE, FAUSTINO, SIGISMOND, CIRILLE, SOLDATS, &c.

*Les trompettes du Camp répondent, enſuite
les tambours.*

LE COMMANDANT *à Sigiſmond.*

Monsieur, je ſuis charmé d'avoir le plaiſir de vous revoir, & de pouvoir être de vos
amis.

SIGISMOND *au Commandant.*

Monſieur, j'admire de plus en plus votre valeur, & je vous aſſure que votre amitié me ſera infiniment précieuſe.

EGIDIO.

Et moi, Monſieur, permettez que j'ai l'honneur de vous préſenter ma fille?

SIGISMOND

Mademoiſelle, je vous fais mon compliment d'avoir un ſi brave homme pour pere.

EGIDIO.

Vous voyez en elle, ſi vous avez la bonté d'y conſentir, l'épouſe de Fauſtino.

FAUSTINO *à Sigiſmond.*

Monſieur, j'eſpere que vous voudrez bien rendre témoignage de ma valeur, & de la maniere dont j'ai fait mon devoir. La plus grande preuve que j'en pouvois donner, c'étoit d'aller donner l'aſſaut aux murs qui renfermoient le digne objet de ma tendreſſe. Mon cœur qui a eu le courage d'affronter les périls de Mars, n'a pû ſe défendre des ſéductions de l'Amour ; & puiſque j'ai fini la campagne avec gloire, je me flatte qu'on ne me fera point un crime de me livrer à ma flamme.

SIGISMOND.

Non, furement, une paffion honnête n'eft
point indigne d'un brave Guerrier. L'époufe
dont vous avez fait choix, eft fille d'un vaillant
Officier ; fon alliance vous fait honneur, & je
l'appuirai très-volontiers de mon autorité.

FAUSTINO.

Que ne dois-je point à vos bontés ?

FLORIDE.

Agréez, Monfieur, les remercimens que je
dois à la faveur que me fait un Général auffi
poli que vaillant. Je fupplie mon pere de me
pardonner d'avoir difpofé fans lui de mon
cœur, & mon cher époux, de vouloir bien recevoir ma main & ma foi en votre préfence.

CIRILLE *en fautant.*

Vive l'Amour, vive la Paix.

FAUSTINO.

Cirille, fommes-nous amis ou ennemis ?

CIRILLE.

Amis, amis, avec vous, avec le Comte, avec
tout le monde ; vive la Paix, vive l'Amour.

LE COMTE.

Mon cher Fauftino, je vous fais mon compliment, vous me permettrez fans doute, quand

vous ferons en quartier d'hiver, d'être de vos
parties.

FAUITINO.

Oui, des miennes, mais non pas de celles
de ma femme.

SCENE XVIII & *derniére.*

MARIANNE, LE COMMANDANT, SIGISMOND, FAUSTINO FLORIDE, &c.

MARIANNE.

M'EST-IL permis de prendre part à la commune joie, & de venir embraſſer mon cher
mari ?

LE COMMANDANT.

Venez, ma chere Marianne, venez & laiſſez-moi faire, à la vûe de tout le camp, l'éloge
de votre vertu.

MARIANNE.

Je n'ai fait que mon devoir en me montrant

digne d'un brave Officier, d'un bon Soldat comme vous.

SIGISMOND.

Je vous félicite, Madame, & vous devez à votre tour féliciter ces heureux Époux. (*A Fauſtino & à Floride.*) Allons, retournons au quartier, nous y conclurons votre mariage.

FLORIDE.

Allons, puiſqu'enfin, graces au Ciel ! la paix triomphe, & que la guerre eſt finie : (*au Parterre.*) Meſſieurs, je dois commencer par vous remercier de l'indulgence avec laquelle vous avez reçu cette Piéce ; mais j'ai auſſi des excuſes à vous faire. L'Auteur a oublié une petite bagatelle. Il a oublié de vous apprendre de quelle nation étoient les combattans & le nom du Fort aſſiégé. Il ne nous eſt pas permis à nous autres Comédiens de vous en inſtruire ſans ſes ordres. Tout ce que je peux vous dire, c'eſt, qu'à peu de choſe près, toutes les nations de l'Europe font la guerre de la même façon ; qu'elles ont toutes de la valeur, de l'intrépidité, de l'amour pour la gloire ; que nous ſouhaitons la paix à tout le monde, & à vous en particulier, Spectateurs indulgens, nous prions le Ciel qu'il nous accorde la ſatisfac-

on de voir continuer parmi vous cette tranquillité qui eſt le fruit du ſçavoir, de la pru-
dence, & de la vraie modération.

Fin du troiſiéme & dernier Acte.

APPROBATION.

J'AI lû, par ordre de Monſieur le Vice-Chancelier, la Guerre, *Comédie Italienne*, de M. Goldoni, traduite en François par M. Meſlé : je crois que le Public en verra l'impreſſion avec plaiſir. A Paris, le 14 Avril 1764. **FLONCEL.**